KB236594

정감록

새 세상을 꿈꾸는 민중들의 예언서

시대의 절대사상

정감록

새 세상을 꿈꾸는 민중들의 예언서

| 김탁 |

살림

＜e 시대의 절대사상＞을 펴내며

고전을 읽고, 고전을 이해한다는 것은 비로소 교양인이 되었다는 뜻일 것입니다. 또한 수십 세기를 거쳐 형성되어 온 인류의 지적 유산을 제대로 이해하고, 그 바탕 위에서 새로운 자기만의 일을 개척할 때, 그 사람은 그 방면의 전문가가 될 수 있을 것입니다. 프랑스의 대입제도 바칼로레아에서 고전을 중요하게 취급하는 까닭도 그와 같은 이유 때문이겠지요.

그러나 예전에도, 현재에도 고전은 유령처럼 우리 주위를 떠돌기만 했습니다. 막상 고전이라는 텍스트를 펼치면 방대한 분량과 난해한 용어들로 인해 그 내용을 향유하지 못하고 항상 마음의 부담만 갖게 됩니다. 게다가 지금 우리는 고전을 읽기에 더 악화된 시대를 살고 있습니다. 변하지 않고 있는 교육제도와 새 미디어의 홍수가 우리를 그렇게 만들고 있는 것입니다.

고전을 읽어야 하지만, 읽기 힘든 것이 현실이라면, 고전에 친근하게 다가갈 수 있는 새로운 방법을 응당 고민해야 하지 않을까요? 살림출판사의 ＜e 시대의 절대사상＞은 이러한 문제의식을 가지고 기획되었습니다. 고전에 대한 지나친 경외심을 버리고, '아무도 읽지 않는 게 고전'이라는 자조를 함께 버리면서 지금 이 시대에 맞는 현대적 감각의 고전을 만들고자 했습니다.

고전의 내용이 지나치게 주관적으로 해석되어 전달되는 위험을 피할 수 있도록 그 분야에 대해 가장 정통하면서도 오랜 연구 업적을 쌓은 학자들이 자신의 경험을 응축시켜 새로운 고전에의 길을 열고자 했습니다. 마치 한 편의 잘 짜여진 다큐멘터리 프로그램을 보듯 고전이 탄생할 수 있었던 시대적 배경과 작가의 주변 환경, 그리고 고전에 담긴 지혜를 재미있게 습득할 수 있도록 내용을 구성했고 난해한 전문용어나 개념어들은 최대한 알기 쉽게 설명했습니다.

이전에 경험하지 못했던 새로운 감각의 고전 *e*시대의 절대사상은 지적욕구로 가득 찬 대학생·대학원생들과 교사들, 학창시절 깊이 있고 폭넓은 교양을 착실하게 쌓고자 하는 청소년들, 그리고 이 시대의 리더를 꿈꾸는 모든 사람들에게 생생하게 살아 숨쉬는 인류 최고의 지혜를 전달할 것이라고 확신합니다.

기획위원

서강대학교 철학과교수 강영안

이화여자대학교 중문과교수 정재서

들어가는 글

인류는 최근에 한 차례 더 '세기말' 이라는 격변기(?)를 겪었습니다. 불과 몇 년 전 우리나라에도 노스트라다무스를 필두로 한 서양 예언가들의 장황한 예언이나 '성모 마리아' 의 예언이 널리 알려졌으며, 그 예언들이 곧 이루어질 것이라는 암울한 진단에 많은 사람들이 고민하기도 했었습니다.

더욱이 정보화 시대의 총아인 컴퓨터 시스템에도 '밀레니엄 버그' 로 인해 대혼란이 발생할 것이라는 전망에 인류는 경악했고, 속수무책으로 텔레비전을 통해 그 귀추를 지켜보면서 21세기의 새 아침을 맞이했을 정도였습니다.

'불확실성의 시대' 를 살아가는 다양한 모습 가운데 하나로 예언이 가지는 영향력이 의외로 심각하며 광범위하다는 사실을 다시 한번 확인하면서, 인류는 '별 탈 없이' 20세기의 마지막 전환점을 무사히 돌고 나서 21세기를 살아가고 있습니다.

새로운 세기를 규정하려는 많은 시도 가운데, 새 세기는 인간의 '영적 완성'을 이루려는 '영성(靈性)의 시대'라는 주장도 있습니다. 이는 근대 물질문명의 한계를 극복하기 위해 정신문명의 진보와 완성이 요청된다는 시대적 요구입니다.

이러한 관점에서 이제는 인간 정신에 대한 본격적인 관심과 연구가 계속 이어져야 할 것입니다. 그 한 부문으로서 이른바 '예언'이 가지는 본래적인 가치와 기능에 대해서도 살펴보아야 할 것입니다. 예언은 단순히 맞냐 틀리냐의 문제로 접근해서는 안됩니다. 예언은 왜 생겨나는가, 예언은 어떤 의미를 가지는가, 여전히 사회적 영향력을 엄청나게 행사하고 있는 예언의 기능은 어떤 것인가 등의 근본적인 물음이 제기되고 해답을 추구해나가야 할 것입니다.

그리스도교에 「요한계시록」이 있다면 우리나라에는 『정감록』이 있습니다. 아마도 『정감록』만큼 세간의 화제에 많이 오르내리고 알려진 책은 거의 없을 것입니다. 앞으로도 『정감록』은 한국의 대표적인 예언서로서 한국인의 종교적 심성을 알기 위해서 반드시 읽어야 할 필독서로 계속 남을 것입니다.

그러나 『정감록』의 실제 내용을 한번이나마 제대로 읽어본 사람은 드문 실정입니다. 그저 "『정감록』에 이러이러한 예언이나 비결이 있다더라"는 '카더라 통신'으로 더 잘 알려져 있습니다. 그러므로 『정감록』에는 아예 나오지도 않는 내용이 『정감록』을 빙자하여 유포되기도 했습니다. 우리 사회에는 『정감록』 이외에도 역사적 인물의 이름을 빌리거나 숨은 이인의 저작이라고 주장하는 숱한 비결서가 오늘날에도 책자로 출판되어 상당한 영향력을 행사하고 있습니다. 이들 비결서의 내용은 때로는 정치권에 영향을 끼치기도 하며 증권가의 루머로도 작용하여 경제적 활동에도 관여합니다.

따라서 예언의 본질과 기능에 대한 연구가 시급히 요청되는 때가 왔습니다. 예언은 다루기 매우 힘든 주제입니다. 더군다나 『정감록』은 전근대적인 낡은 미신에 불과하다는 부정적 평가가 주류를 이루고 있었습니다. 그리고 지금까지 『정감록』은 단순히 번역에 매달리는 수준이나 일반적인 견해들만 제시된 정도의 연구에 머물러 있었습니다.

이전의 『정감록』 연구자나 해석가와는 달리 저는 자료의 중요성에 주목했습니다. 현재 우리가 볼 수 있는 『정감록』은 과연 언제쯤 집대성된 것일까를 추론할 수 있는 객관적인 정보를 찾아보고자 노력했습니다. 결국 저는 그동안 막연히 추정되었던 『정감록』의 저작 연대를 더욱 구체적으로 밝혀줄 수 있는 『조선왕조실록』의 기사들을 증거자료로 삼을 수 있었습니다.

신분의 제약과 계급의 차별로 인해 어찌할 수 없었던 조선시대에 예언이 가지는 의미는 어떻게 찾을 수 있을까요? 저는 예언이 민중의 의식이 발전되고 심화되는 과정을 확인할 수 있는 한 방법이라고 생각합니다.

서양은 유혈폭동을 동반한 시민혁명을 통해 민중의 자각과 시민의식의 성장을 이루었지만, 우리나라는 근대에 외세의 침략과 강압에 의해 인권의식과 민주주의가 유입되었다고 보는 경향이 많습니다.

그러나 우리나라의 민중들은 『정감록』 등의 비결서를 통해 신분차별이 철폐되고 폭정이 없어져 만인이 평등하게 잘 먹고 잘 사는 세상을 애타게 갈망했으며, 도덕적이고 완전한 지도자상과 지향하고자 하는 이상사회관을 제시했고, 바람직한 인격을 완성하기 위해 애써오는 등 자발적이고 적극적인 노력을 계속해 왔습니다. 이러한 민중의 사상적 경향은 동학 이후 한국 신종교의 개벽사상과 인존사상 등으로 훌륭하게 계승되었습니다.

지금까지 사상사는 독창적이고 천재적인 개인 사상가에 주목하여 연구돼온 경향이 있습니다. 그러나 저는 그 사상가와 같은 시대를 살았던 수많은 사람들의 생각과 사상을 알 수 있는 방법은 없을까에 관심을 두었습니다. 실체를 규정하기가 어려운 '민중'이라는 개념으로 사상사를 연구한다는 일은 무척 어렵습니다. 그러나 시대정신을 주도하는 대중의 생각과 믿음을 반영한 것을 민중사상이라고 정의할 때 그 연구는 개인에 대한 연구보다 훨씬 가치가 있을 것입니다. 저는 한 사람의 고고한 목소리보다는 ‘대중의 소리’를 듣기를 원했습니다.

근대와 현대가 이루어놓은 모든 것을 평지돌출식으로 이해하려 해서는 곤란할 것입니다. 전통과의 단절은 역사의식의 부족일 뿐입니다. ‘태양 아래 새로운 것은 없다’는 격언에 힘입어 지나간 것의 의미와 가치를 추구해야만 오늘과 내일이 제대로 이해될 수 있을 것입니다.

나아가 오늘날 우리가 과학과 이성의 잣대로 전통 또는 과거의 원초성과 신비성을 잃어버리거나 죽이고 있는 것은 아닌지 반성해야 할 것입니다. 사라져가는 것에 대한 향수를 불러일으키려는 것이 아니라 다시는 태초의 순수와 신비를 지닌 우리 마음의 고향으로 갈 수 없을지도 모른다는 경각심을 나타내는 것입니다.

우리나라는 근대 이후 최근까지 사회의 변화속도가 다른 나라에 비해 빨랐습니다. 또한 우리나라는 동양과 서양의 문명이 만나는 묘한 지정학적 위치에 있습니다. 인류가 겪어온 온갖 문제와 갈등이 이 땅에서 분출되어 해결을 기다리고 있는 것입니다. 바야흐로 우리나라는 ‘새 세상’의 키워드와 코

드 또는 내용을 밝혀낼 것으로 믿어지고 그래야 할 시대적 사명을 띠고 있다고 생각합니다.

우리나라 사람들은 전통적으로 인간이 죽은 다음에 전개될 것이라는 영적 세계는 상정하지 않았습니다. 살아서 잘되는 사회, 즉 지상천국을 건설하는 것이 꿈이었습니다. 내세관이 없기 때문에 도덕성과 윤리성이 부족하다는 비판도 있습니다만, 서양의 유토피아처럼 이 세상에 존재하지 않거나 없는 가상의 세계를 상정한 것이 아니라, 우리나라 사람들은 민중의 땀과 피로 만들어가는 새 세상을 꿈꿔왔습니다. 그 꿈의 실체가 무엇인지 알아보고 그 사상적 의미에 대해 탐구해 본 저의 조그마한 성과가 이 책으로 묶여져 나왔습니다.

조용히 집필할 수 있는 여건을 제공해 주신 온양형님네 식구들께 깊이 감사드리고, 출판사 관계자 분들의 노고에 다시 한번 김사드립니다.

2005년 5월 신록이 푸르른 날
영인산(靈仁山) 아래 온산정사(溫山精舍)에서
필자 쓰다.

정감록

1부

시대 · 작가 · 사상

이제 저는 여러분을 '우리 민족의 위대한 예언서' 또는 '황당무계한 쓸데없는 유언비어를 모은 잡술서' 등 전혀 상반되는 평가를 아울러 받고 있는 『정감록』의 세계로 초대하고자 합니다. 오랫동안 민중을 사로잡았고 선거 때만 되면 들먹여지고 때로는 선전도구가 되기도 하는 『정감록』은 현재에도 그 가치가 손상되지 않았고, 일정한 영향력을 행사하고 있습니다. 『정감록』은 어떤 내용을 담고 있으며, 과연 어떤 구절이 그토록 민중들의 관심을 끌어왔는지 알고 싶은 분들은 답을 찾기 위한 저의 여행에 동참해주시기 바랍니다.

1장

살아 숨쉬는 『정감록』

『정감록』과의 첫 만남

미래를 엿보는 일이 가능할까?

인간은 일정한 공간과 시간의 제약을 받으며 삶을 영위해 가는 존재입니다. 그러나 조금씩 인지가 발달하고 인류 문명이 발전함에 따라 공간과 시간의 제약은 점차 그 고유한 의미를 상실해 가고 있는 듯합니다.

먼저 공간의 경우를 살펴보면, 편리한 교통수단이나 각종 문명이기를 이용하여 지나간 시대와는 달리 비교적 짧은 시간에 도시와 국가간의 이동이 가능해졌고 다른 대륙에 있는 사람과의 동시적 대화가 가능해졌으며 드물게는 다른 위성과의 대화와 이동도 가능해졌습니다. 또한 시간의 경우를 보더라도, 오늘날에는 옛날과는 달리 계절의 구별이 없이 식탁에 오르는 각종 과일들이 있고, 전등불을 이용하여 캄캄한 밤을 환한 낮처럼 보낼 수 있습니다. 더욱이 지금은 여름에는 에어컨을 이용하여 시원하게 보낼 수 있고, 겨울에는 각종 전열기를 이용하여 따뜻하게 보낼 수 있는 세상입니다. 즉 현대인들은 시간이 가져다주는 일정한 변화들에 대해 어느 정도까지는 조작이 가능한 세상에 살고 있는 셈입니다.

그러나 밤을 낮과 '같이', 겨울을 여름 '처럼' 보낼 수는 있지만, 절대적인 '시간 자체'는 아직도 인간의 해결영역을 벗어나 있습니다. 과거나 미래로의 시간여행은 현재로서는 인간의 상상 속에서나 가능한 일이기 때문입니다.

그럼에도 불구하고 시간이 가지는 이러한 절대 한계의 벽을 뛰어넘기 위한 인간의 노력들은 오랜 옛날부터 계속되어 왔으며, 현재 이 순간에도 꾸준히 진행되고 있습니다. 인간이 시간을 극복하려는 노력들은 '과거의 재구성' 작업과 다양한 형태로 제시되는 '미래에 대한 호기심'으로 표출되고 있습니다. 사람들은 현실을 살아가면서도 늘 앞으로 일어날 일에 대해 관심을 갖습니다. 내일은 어떤 일이 일어날까, 그리고 몇 십 년 후에는 과연 어떤 사건이 발생할 것인지가 항상 궁금합니다. 나아가 인간의 삶이 이미 일정하게 프로그램화되어 있다는, 이른바 운명이 존재하는가도 알 수 없으며, 한 국가나 민족의 운명 또한 예정되어 있다는 주장과 믿음은 결코 풀리지 않는 수수께끼로 남아 있습니다.

　미래를 엿보고 싶은 욕구는 인간이면 누구나 가지고 있는 자연스러운 감정이며, 그 어떤 욕구보다도 강렬하고 근원적인 것입니다. 그래서 사람들은 과학과 기술을 이용한 합리적인 전망, 각종 통계자료를 통한 예측, 상상력과 허구를 통한 가상, 신비체험이나 계시의 결과로 제시되는 예언 등의 형태로 다가올 앞날에 대해 많은 관심을 나타내고 있습니다. 지금 현재 이 순간을 살아가는 사람에게 지나온 '과거'는 당연한 사실이요 마땅한 원인으로 받아들여지기 때문에 그다지 많은 관심을 끌지 못합니다. 반면 아직 오지 않았고 경험하지 못한 '미래'는 현대를 사는 우리 모두에게 강렬한 호기심과 지적 욕구를 유발시키고 있습니다.

　예언(豫言)은 알 수 없는 초월적 존재나 힘에 의한 계시와 신탁, 전래되는 고대의 비밀문서나 기호와 그림 등을 이용한 다양한 해석, 성스러운 사람의 독특한 신비체험의 결과 등과 관련되어 있습니다. 따라서 예언은 그 성격상 신비적이고 초월적인 성향을 내포하고 있기 마련입니다. 결국 예언은 좁은 의미로는 "특정한 인간을 매개로 말 또는 문자의 형태로 전달되는 초월적 존재의 의지"로 정의되고, 넓은 의미에서는 "미래에 일어날 일을 미리 헤아려 말하는 행위 또는 그 말"로 정의됩니다. 오늘날 예언은 미래에 일어날 일을 미리 알고 있

다는 의미에서 초심리학에서는 예지(豫知)라고 정의되며, 초
감각적 인지(超感覺的 認知, extrasensory perception)의 구성요
소의 하나로서 과학적 연구대상이 되기도 합니다.

『정감록』은 우리나라 사람들의 사고방식에 상당한 영향을
끼친 책 가운데 하나입니다. 오랫동안 금서로 규정되어 공식
적으로 출판되지 못했음에도 불구하고 『정감록』은 은밀히
필사되고 유포되어 수많은 사람들에게 읽혀졌던 책입니다.
『정감록』의 예언들은 다양한 형태로 해석되었고, 지금도 풍
부하게 남아 있으며, 아직 이루어지지 않았지만 가까운 시기
에 곧 실현될 것으로 여전히 믿어지고 있습니다. 한때『정감
록』에 나온다고 여겨진 예언들은 우리나라 민중들에게 매우
강렬하고 폭넓게 수용되어 실로 엄청난 파급효과를 불러일
으키기도 했습니다.

먼저 제가 『정감록』과 인연을 맺게 된 이야기부터 시작하
여 우리 사회에 『정감록』이 끼쳤던 영향에 대해 알아보도록
하겠습니다. 나아가『정감록』은 과연 어떠한 역사적 사건을
통해 형성되었는가, 이른바 비결이 결집되는 과정을 통해
『정감록』은 과연 언제쯤 만들어졌을까, 『정감록』은 어떤 사
람들에 의해 알려지고 전해져왔을까 등 『정감록』을 둘러싸
고 오랫동안 제기되었던 기본적인 의문점을 풀 수 있는 실마
리를 찾아보도록 하겠습니다.

이러한 작업은 다가올 미래를 미리 알 수 있는 황금열쇠로 인식되고 믿어지는 예언의 역사적, 사회적 위상을 자리매김하고 그 사상적 의미에 대해 탐구하는 일이 될 것입니다.

『정감록』을 만나다

제가 고등학교에 다닐 때 국어 선생님께 전해들은 이야기입니다. 당시 선생님께서는 수업을 시작하시기에 앞서 고사성어를 칠판에 써놓으신 후 그에 얽힌 일화나 전설을 재미있게 들려주셨습니다. 모르는 한자가 불쑥 튀어나오기 일쑤여서 무척 어렵게 느껴졌지만, 몇 글자 되지 않는 단어에 숨어 있는 옛날이야기가 무척 흥미를 끌었기 때문에 오늘은 과연 어떤 내용일까 궁금해 하며 기다리던 시간이었습니다.

그러던 어느 날 선생님께서는 다음과 같은 문장을 칠판에 가득 써놓으셨습니다.

> 살아자(殺我者)는 여인대화(女人戴禾)인데 인부지(人不知)라.
> 활아자(活我者)는 십팔가공(十八加公)이니 송하지(松下止)하라. 이재송송(利在松松)이니라.
> 살아자(殺我者)는 우하횡산(雨下橫山)인데 천부지(天不知)라.
> 활아자(活我者)는 시상가관(豕上加冠)이니 가하지(家下止)하라. 이재가가(利在家家)니라.

살아자(殺我者)는 소두무족(小頭無足)인데 신부지(神不知)라.
활아자(活我者)는 삼인일석(三人一夕)이니 도하지(道下止)하
라. 이재전전(利在田田)이니라.

혹시 여러분도 이와 비슷한 문장을 듣거나 보신 적이 있을
지도 모르겠습니다. 분명히 별로 어려운 글자는 없는 듯한데
도 무슨 암호문 같아서 내용을 짐작할 엄두조차 낼 수 없었습
니다. 멍하니 칠판만 바라보고 있던 우리들에게 선생님은 위
의 문장이 바로 『정감록』에 나오는 비결이라고 말씀해 주셨
습니다. 『정감록』은 앞날에 일어날 일을 예언해 놓은 글을 적
어놓은 예언서인데, 앞의 두 문장이 임진왜란과 병자호란을
정확히 맞춘 것이라고 설명하셨습니다.

　선생님께서는 "나를 죽이는 것은 여인이 벼를 짊어진 것
인데 사람인 줄을 모르더라"라고 풀이되는 첫 문장은 '나라
왜(倭)'를 파자(破字)로 적은 것이라고 가르쳐주시며, '계집
녀(女)' 위에 '벼 화(禾)'를 올려놓은 다음 '사람 인(人)' 변을
덧붙이셨습니다. 난생 처음으로 보는 파자풀이에 눈이 휘둥
그레진 우리들은 마른 침을 삼키며 선생님의 다음 설명을 기
다렸습니다. 더군다나 앞날을 환히 알 수 있다는 예언이라니,
더욱 궁금했지요.

　선생님께서는 두 번째 문장을 "나를 살리는 것은 '소나무

송(松)’이니, 소나무 아래에 멈춰라. 이로움은 소나무에 있도다”라고 풀이해 주셨습니다. ‘열 십(十)’자 아래에 ‘여덟 팔(八)’자를 그린 다음 ‘공변될 공(公)’을 오른쪽에 붙여 ‘소나무 송(松)’이 된다는 해석이 신기할 뿐 동어반복적인 글귀라고 생각되었습니다.

그래봤자 기껏해야 왜(倭)와 송(松)이라는 두 글자를 길게 설명한 것인데, 어째서 임진왜란을 예언한 문장인지 선뜻 이해할 수 없었습니다. 선생님께서는 이 문장이 임진왜란이 발생하기 오래 전부터 민간에서 전해지던 글귀였지만 대부분의 사람들은 해석조차 하지 못했으며, 설혹 그 문장이 가리키는 두 글자를 알 수 있었던 사람들도 왜와 송이 무엇을 의미하는지 미리 알 수가 없었다고 설명하셨습니다.

그리고 선생님께서는 임진왜란이 일어날 때 백성들을 죽인 것은 바로 일본 오랑캐였고, 오랑캐의 침략을 막아준 사람이 중국 명나라의 이여송(李如松) 장군이었다고 덧붙여 주셨습니다. 임진왜란 당시에 왜적은 번번이 이여송 장군에게 패했으며, 이여송 장군의 부대를 따라가면 살 수 있었다는 내용이었습니다. 더군다나 임진왜란이 일어나자 왜국의 공주가 출병하려는 군대에게 “조선에 가면 송(松)자가 들어가는 지명이나 장군을 피하라”는 예언을 해주었다는 전설도 들려주셨습니다. 과연 임진왜란 때에는 송(松)자가 들어간 청송(靑

松) 등의 지역으로 피난했던 사람들은 목숨을 구할 수 있었다고 합니다.

우리들은 정말로 그랬을까 긴가민가했지만 그럴 듯하게 여겨져서 다음 구절에 대한 설명에 더욱 귀를 기울였습니다. 두 번째 문장은 "나를 죽이는 것은 '비 우(雨)' 아래 '뫼 산(山)'을 가로지른 것인데, 하늘인 줄을 모르더라. 나를 살리는 것은 '돼지 시(豕)' 위에 모자를 씌운 것이니, 집에 머물러라. 이로움이 집에 있도다"라고 풀이되었습니다. 이 문장이 뜻하는 글자는 '눈 설(雪)' 자와 '집 가(家)' 자였습니다.

병자호란은 한겨울에 발생했습니다. 따라서 임진왜란처럼 침략군에게 직접 피해를 입은 사람보다 오히려 혹독한 추위 때문에 희생된 사람들이 많았다고 합니다. 집을 벗어나 피난한 사람들은 갑자기 추워진 날씨로 인해 많이 죽었지만, 피난을 가지 않고 따뜻한 집에 숨어 있었던 사람들은 살아남을 수 있었다는 이야기였습니다.

그렇다면 마지막 문장은 어떻게 해석할 수 있을까? 앞으로 다가올 재난과 이를 피해갈 수 있는 방법이 제시되어 있는 문장이라는 선생님의 보충설명에 우리들은 자기 나름대로 글자를 풀이해 보려고 애썼습니다. 그런데 도저히 풀 도리가 없었습니다. 그럴 수밖에. 선생님께서는 마지막 문장은 여러 사람들이 각기 나름대로 풀이하고 있지만 정확한 해석은 알 수

『삼인일석』
이석만이 1982년 10월 20일 태평사에서 간
행하였다. 262쪽.

없는 신비의 영역 안에 있으며 각자 선택의 몫으로 남겨져 있다고 설명해주셨습니다.

그러면서 선생님께서는 "나를 죽이는 것은 작은 머리에 다리가 없는 것인데, 신(神)인 줄을 모른다. 나를 살리는 것은 세 사람에 일석(一夕)이니, 도에 머물러라. 이로움은 밭 전(田)에 있도다"라는 알쏭달쏭한 풀이를 해주셨습니다.

선생님은 '소두무족'은 '무리 당(黨)' 또는는 '귀신 머리 불(巛)'로 풀이되거나 폭탄의 모양을 가리키는 것으로 해석된다고 말씀해주셨습니다. 또 선생님께서는 '삼인일석'은 각 글자를 합쳐서 흔히 '닦을 수(修)'로 해석된다고 설명하신 후, 어쨌든 숨겨진 두 글자 가운데 한 글자는 '길 도(道)'인데 앞의 두 글귀의 경우와는 달리 '밭 전(田)' 자와의 관계가 풀리지 않는 숙제라고 말씀해 주셨습니다. 사람이 마땅히 가야 할 길이나 진리를 찾아야 앞으로 있을 엄청난 재난을 피할 수 있을 것이라는, 선생님께서 알려준 '예언'에 우리들은 여전히 안개 속을 헤매는 심정이었습니다.

그런데 도대체 『정감록』은 어떤 책이기에 이런 묘한 문장이 실려 있는지, 『정감록』은 누가 지은 책인지, 그리고 언제 출판된 책인지도 궁금해졌습니다. 정말로 임진왜란이나 병자호란이 발생하기 훨씬 이전에 이 책이 세상에 알려졌을까? 이 문장을 읽고 제대로 해석한 사람은 과연 살아남을 수 있었을까? 의문이 꼬리를 물었습니다. 그러나 그것도 잠시, 다시 정식 수업시간이 이어지자, 머리 속에 떠오르던 물음은 답이 없는 의혹의 골짜기를 잠시 메아리치다 사라지고 말았습니다.

그로부터 몇 년의 세월이 흐른 후, 심심풀이로 접했던 어떤 잡지에서 암석에 새겨진 희미한 글자를 찍은 사진을 본 적이 있었습니다. 그 사진 아래에는 충청남도에 있는 계룡산 연천봉(連天峯)의 암석이라는 설명과 함께 글자는 "방백마각(方百馬角), 구혹화생(口或禾生)"이라는 도참문(圖讖文)인데, 『정감록』에도 실려 있는 글귀라고 적혀 있었습니다.

집지에서 방(方)은 사(四), 마(馬)는 십이지(十二支)로 오(午)이므로 파자(破字)하여 팔십(八十), 각(角)은 동물의 뿔을 뜻하므로 이(二)라고 여겨, 합쳐서 사팔이(四八二)라고 풀이했습니다. 또 구(口)와 혹(或)을 합치면 국(國)이 되고, 화(禾)와 생(生)을 합치면 이(移)의 옛 글자가 된다고 풀이하고 있었습니다. 결국 이 둘을 합하면 "사팔이(四八二), 국이(國移)"가 되어 "조선왕조가 개국한 지 482년 만에 망하고 새 나라로 국운이 옮겨간다"라고 해석할 수 있다는 놀라운 이야기였습니다. 이에 대해 호사가들은 조선조 마지막 임금인 순종이 조선왕조 개국 482년 만에 태어났다고 억지 해석하기도 했다는 친절한 부연 설명도 붙어 있었습니다.

누가 그런 글자를 산꼭대기에 있는 바위에 새겨놓았단 말인가? 게다가 그처럼 정확하게 조선왕조의 멸망을 설명했다니, 저로서는 그저 놀라울 따름이었습니다. 순간 저는 몇 년 동안이나 잊고 있었던 『정감록』에 대한 예전의 의문들을 되살렸습니다. 다른 이야기는 없는가 하고 잡지를 뒤적이던 저는 이어지는 글에서, 계룡산 연천봉의 도참문에 대한 소문이 퍼지고 조선왕조의 망국설이 널리 유포되자 당시 조정의 실권자였던 흥선 대원군이 전국에 명을 내려 『정감록』 등의 비결서를 거두어들여 몽땅 불태워 버렸고, 새로운 왕조가 건설된다는 계룡산에 올라가는 일조차 엄금했으며, 그 지역에 있던 신당들을 부수었다는 기사를 발견했습니다. 또 흥선 대원군은 연천봉에 있다

이규태 코너에 실린 정감록
조선일보 1992년 12월 16일자.

고 믿어진 새 왕조의 창업자로 지목되던 정씨(鄭氏)의 기운을 누르기 위해 압정사(壓鄭寺)라는 절을 지었고, 명성황후는 정씨의 기운을 가로채고자 연천봉에 있는 영천(靈泉)에 왕자 낳기를 기도하여 순종을 낳았다는 이야기도 볼 수 있었습니다.

홍선 대원군, 명성황후, 순종 등 역사적 실존인물들이 거론되었고, 계룡산에 있었던 사찰도 언급된 그 잡지의 기사는 저를 흥분시키기에 충분했습니다. 그만큼 신빙성이 있다는 말이 아닌가? 과연 이 이야기들이 사실일까? 실제로 그런 이야기가 있었다면 『정감록』이 어떤 책인지 궁금하기 짝이 없었습니다.

정치적 홍보수단으로 이용된 『정감록』

주변을 둘러보니 『정감록』에 얽힌 이야기들은 의외로 많이 있었습니다. 1968년 제3공화국의 집권층은 영구집권의 발판을 마련하기 위해 삼선개헌을 합리화하는 공작을 대대적으로 벌였습니다. 바로 이 과정에서 전국의 역술인들을 동원하여 박정희 대통령이 바로 '정도령'이고, 민중대망의 진인(眞人)이며, 미륵불의 현신(現身)이자 도래한 메시아라고 선전했다는 이야기도 전해들을 수 있었습니다.

1987년 12월에 치른 제13대 대통령 선거에서는 노태우, 김영삼, 김대중 세 후보가 치열한 각축전을 벌였습니다. 이때 노태우(盧太愚) 후보 측에서는 "두미재전(頭尾在田)"이라는 비결을 제시하고, 이를 "이름의 앞과 뒤에 밭 전(田)이 들어간 사람이 미래의 지도자가 된다”고 풀이한 전단을 유포하여 홍보에 이용했습니다.

또한 이에 맞서 김영삼 후보와 김대중 후보 측은 『정감록』에 나온다는 “남해의 섬에서 진인(眞人)이 출현한다”는 내용을 들어 각기 자신들의 출생지가 남해의 거제도와 하의도라고 강조하면서 “대권을 잡을 수밖에 없는 운명을 지닌, 하늘이 내린 인물”이라고 선전했습니다.

1992년 12월에 치른 제14대 대통령 선거에서도 김영삼, 김대중, 정주영, 이종찬 후보 사이에 선거전이 치열하게 전개되었습니다. 이보다 10개월 정도 앞서 치러진 국회의원 선거에서부터 “『정감록』에 나오는 ‘정도령’이 바로 정주영 국민당 대표다”라는 주장이 제기되었을 정도였습니다. 당시 박철언 국회의원은 이종찬 후보를 돕기 위해 ‘망경대 관악산인’ 명의로 「천의와 민심」이라는 유인물을 유권자들에게 우편으로 배달한 일이 있었습니다. 이 문서는 『정감록』을 인용하여 “『정감록』에 김씨 대통령은 없다”는 주장을 담고 있었습니다.

급기야 당시 국민당의 김복동 최고위원은 『정감록』을 보면 ‘정씨 성을 가진 분이 대통령이 되어 경제를 살리고 남북을 통일시킨다’라고 적혀 있습니다”라고 주장했을 정도였습니다. 또 국민당에서는 “양김 시대는 끝이 나고 바야흐로 정도령 시대가 왔다”는 이른바 천운순환설(天運循環說)을 주장했으며, 국민당의 고문이었던 김달수 씨는 “『정감록』에 쓰여 있기를 ‘임신년(1992년을 가리킴, 필자 주) 동절(冬節)에 동쪽에서 정도령이 나타나 국태민안(國泰民安)하다’고 되어 있다”며 정주영 후보가 바로 정도령이라고 주장했습니다.

잊혀질 만하면 『정감록』은 새로운 옷을 입고 다시 대중 앞으로 나섰습니다. 나라를 이끌 대통령이라는 최고지도자를 뽑을 시기만 되면 어떤 형태로든 『정감록』은 어김없이 그 모습을 보여주었습니다.

1997년 12월 제15대 대통령 선거에서는 김대중, 이회창, 이인제 후보가 나서서 경쟁을 벌였습니다. 당시 국민신당의 이인제 후보는 대선후보 가운데 자기만이 충청도 태생이므로 『정감록』에 나오는 정도령이 바로 자신을 지칭한다고 홍보하였습니다. 정씨가 아닌데도 출생지가 계룡산이 있는 충청도라는 점만으로도 정도령을 자칭하다니, 실소를 금할 수 없을 정도였습니다.

이 외에도 대통령 선거가 끝날 때면 으레 조상의 묘소를 이전해서 대통령으로 당선될 수 있었다거나 그 후보 탄생지의 풍수적 지형이 대통령을 나오게 했다는 주장이 여전히 계속되었습니다. 한 나라의 지도자인 대통령이 되는 엄청난 사건은 반드시 그렇게 될 수밖에 없었던 필연적 이유가 설득력

있게 제시되어야 한다는 대중의 강박증이라고 느껴지기도 했습니다.

비록 신비적이고 비과학적인 차원의 설명이나 주장 또는 믿음이라고 할지라도, 적어도 우리나라 사람은 과거 왕조시대의 제왕과 마찬가지로 나라의 최고지도자는 일반인과는 무엇이 달라도 달라야 한다고 생각하는 경향이 있는 듯합니다. 이미 사건이나 일이 발생한 다음에 내려지는 사후약방문 격인 설명이라도 어쩐지 믿음직하게 여겨지는 무엇인가가 필요했던 것입니다. 따라서 대통령의 조상 묘소와 탄생지에 대한 풍수적 설명과 지명에 대한 신비한 주장은 여전히 한국인의 정서에 지대한 영향을 미치고 있습니다.

흔히 『정감록』은 도읍지의 지세와 형상에 따라 그 나라의 운수가 바뀐다는 풍수지리적 도참설을 적은 책이나, 말세에 있을 재난을 무섭게 그리고 있으며 피난할 장소를 알려주는 책으로 알려져 있었습니다. 그래서 저는 우선 『정감록』을 읽어보면서 고등학교 재학시절에 선생님께 전해 들었던 이야기나 선거전에서 사용하던 선전문구가 실제로 있는지 확인해보기로 마음먹었습니다. 당시 제가 다니던 대학의 도서관에서 『정감록』과 관련된 책을 찾아보니 여러 권을 발견할 수 있었습니다. 『정감록』은 똑같은 내용을 가진 책이 아니라 수많은 비결서들을 특정한 편찬자가 합쳐놓은 것이었기에 각기 조금씩 달랐던 것이었습니다. 더군다나 『정감록』은 저자도 알려지지 않았으며 누가 언제 편찬했는지도 알 수 없는 정체불명의 책이었습니다.

그런데 『정감록』의 난해한 내용을 그저 글자로만 확인하기에 급급했던 저는, 앞에서 언급한 이야기나 글귀가 정작 『정감록』에는 보이지 않는 내용이나 표현들이라는 사실을 발견했습니다. 제가 들었던 이야기들은 『정감록』과 유사한 비결서에 나오거나 혹은 나온다고 믿어지는 구절들에 대한 견강부회적인 이야기에 불과했습니다.

단적인 예로 『정감록』에는 '정씨(鄭氏)', '전읍(奠邑)', '진인(眞人)'이라는 용어는 보이지만 '정도령'이라는 표현은 보이지 않습니다. 다만 『정감록』에 포함되는 「토정가장결(土亭家藏訣)」과 「경주이선생가장결(慶州李先生家藏訣)」에 "참왈(讖曰), 이씨지운(李氏之運)이 유삼비자(有三秘字)하니 송가전삼자(松家田三字)라. 해왈(解曰) 송(松)은 선리어왜(先利於倭)요, 가(家)는 중리어호(中利於胡)요, 전(田)은 말리어흉(末利於凶)이라"는 기록이 있을 따름이었습니다.

의외로 『정감록』을 한 번이라도 제대로 읽어보지 못한 사람이 많았습니다. 한문에 익숙한 사람도 은유, 비유, 파자 등으로 이루어진 『정감록』의 내용은 무척 어렵게 느껴지며, 더군다나 일정한 체계조차 갖추어지지 않은 책이라서 대강의 줄거리를 파악하는 일조차 쉽지 않기 때문입니다.

이처럼 저에게는 풀 수 없는 수수께끼와도 같았던 『정감록』이라는 해묵은 앙금은, 훗날 제가 한국종교를 전공으로 선택하여 오랜 시간을 투자하고 공부한 다음에야 조금씩 벗기고 지워갈 수 있었습니다.

이제 저는 여러분을 '우리 민족의 위대한 예언서' 또는 '황당무계한 쓸데없는 유언비어를 모은 잡술서' 등 전혀 상반되는 평가를 아울러 받고 있는 『정감록』의 세계로 초대하고자 합니다. 오랫동안 민중을 사로잡았고 선거 때만 되면 들먹여지고 때로는 선전도구가 되기도 하는 『정감록』은 현재에도 그 가치가 손상되지 않았고, 나름대로 일정한 영향력을 행사하고 있습니다. 『정감록』은 어떤 내용을 담고 있으며, 과연 어떤 구절이 그토록 민중들의 관심을 끌어왔는지 알고 싶은 분들은 스스로의 의문에 대한 답을 찾기 위한 저의 여행에 동참해주시기 바랍니다.

『정감록』은 어떤 책인가?

　『정감록』은 조선시대 이래 민간에 널리 유포되어 온 우리나라의 대표적인 예언서입니다. 그러나 우리가 흔히 『정감록』이라고 말하는 책은 한 권의 책이 아닙니다. 여러 가지 비결서의 집성이며 이본(異本)이 많은 것이 특징입니다.

　『정감록』은 「감결(鑑訣)」을 비롯하여 「동국역대기수본궁음양결(東國歷代氣數本宮陰陽訣)」 「역대왕도본궁수(歷代王都本宮數)」 「삼한산림비기(三韓山林秘記)」 「무학비결(無學秘訣)」 「오백론사(五百論史)」 「도선비결(道詵秘訣)」 「남사고비결(南師古秘訣)」 「토정가장결(土亭家藏訣)」 「서계이선생가장결(西溪李先生家藏訣)」 「정북창비결(鄭北窓秘訣)」 「서산대사비결(西山大師秘訣)」 「두사총비결(杜師聰秘訣)」 「옥룡자기(玉龍子記)」

「삼도봉시(三道峰詩)」 등의 짧은 비결서 수십 종을 총칭하는 책입니다. 따라서 『정감록』은 단일한 체제와 일관된 형식을 갖춘 책이 아니라, 다양한 형식의 단편적인 비결서가 합쳐진 책입니다.

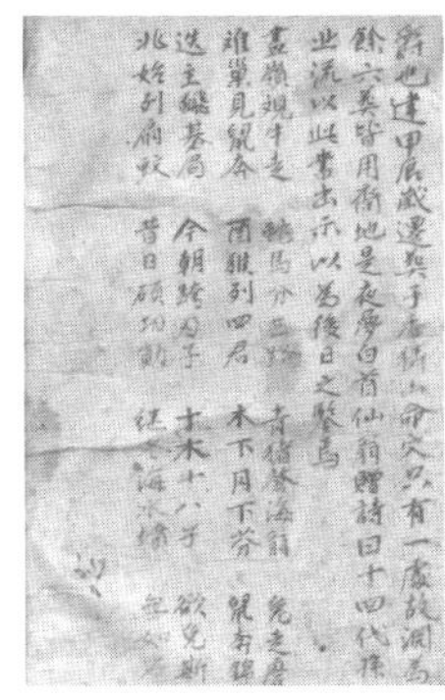

『감결』

넓은 의미의 『정감록』은 「감결」 등 여러 비결을 망라하는 책이며, 좁은 의미의 『정감록』은 「감결」만을 가리킨다는 주장도 있습니다. 아마도 『정감록』을 편찬한 사람들이 「감결」을 중심으로 삼고 당대에 유포되던 여러 비결서들을 합쳐 '정감록' 이라는 제목으로 책을 만들었기 때문이라고 짐작됩니다. 애초에는 몇 개의 비결서만을 모았던 책이었는데, 세월이 흐르고 시대적 상황이 바뀌면서 또 다른 비결서들이 더욱 보태져서 이른바 『정감록』이라는 책으로 집대성되었던 것으로 이해해야 할 것입니다.

『정감록』에서 가장 중요한 부분인 「감결」은 한륭공(漢隆公)의 둘째 아들인 이심(李沁)

『정공이심문답』
총 12면, 필사본, 유정수 소장본.

과 셋째 아들인 이연(李淵)이 정감(鄭鑑)과 함께 금강산, 삼각산, 가야산 등지를 유람하면서 나눈 대화록입니다. 주로 심(沁)이 묻고, 정감이 대답하는 형식을 취하고 있습니다. 내용의 핵심은 이씨 조선이 망하고 정씨의 새로운 왕조가 계룡산에서 일어날 것인데, 그 과정에서 발생할 난리를 피해 몸을 보전할 열 곳의 땅을 제시한 것입니다.

『정감록』이 언제쯤 편집되었는지는 알 수 없습니다. 왜냐하면 『정감록』에 포함된 비결서들이 편찬자에 따라서 현재에도 조금씩 다르기 때문입니다.

어쨌든 여러 형태와 경로를 통해 오랫동안 민중들에게 필사본으로 전해지던 비결서를 모아 김용주(金用柱)가 1923년 3월 19일에 『정감록』을 185면의 국판 활자본으로 간행하였습니다. 이 책에는 46종의 비결서가 수록되어 있고, 현재 일반적으로 『정감록』에 포함된다고 여겨지는 거의 모든 비결서를 포함하고 있습니다. 따라서 적어도 1923년 무렵에는 『정감록』으로 불리는 비결서가 집대성되었다고 평가할

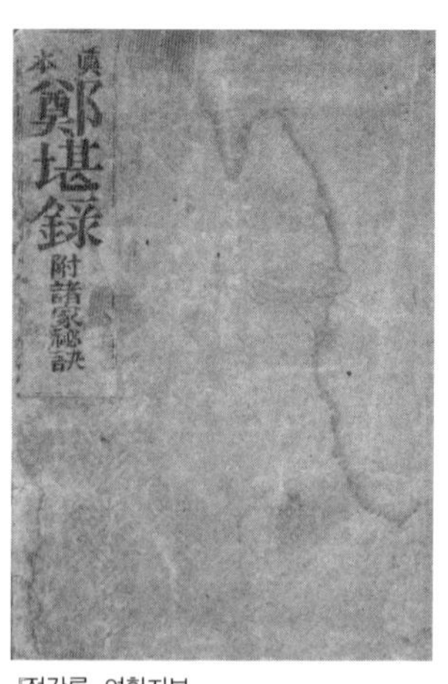

『정감록』 연활자본
1923년 3월 김용주가 발행.

수 있겠습니다.

필사본으로 유포되던 시기에는 참위설(讖緯說)적인 비결들이 들쑥날쑥하게 『정감록』에 포함되기도 하고 누락되기도 했을 것이지만, 일단 근대적 인쇄술로 공간(公刊)이 된 이후에는 이러한 일이 발생할 가능성이 차단되었을 것입니다. 따라서 1923년 이후에는 비전되었다는 또 다른 비결서가 일반인에게 공개된다고 하더라도 『정감록』이라는 이름은 사용할 수 없었으며 사용하지도 않았습니다. 독특한 이름을 따로 짓거나 기존의 『정감록』에 수록된 비결서의 저자나 주인공이 아닌 다른 인물이 지었다는 설명을 달고 제시되는 것입니다.

그런데 현재 전하고 있는 『정감록』의 이본(異本)은 모두 50여 종이나 되며, 내용은 같지만 이름만 다른 것까지 합치면 무려 73종이나 된다고 합니다. 이는 『정감록』이 고정된 형태의 저작이 아니라 민중들에 의해 항상 새롭게 부각되고 해석될 수 있는 동적(動的)인 성격을 지녔음을 알려줍니다.

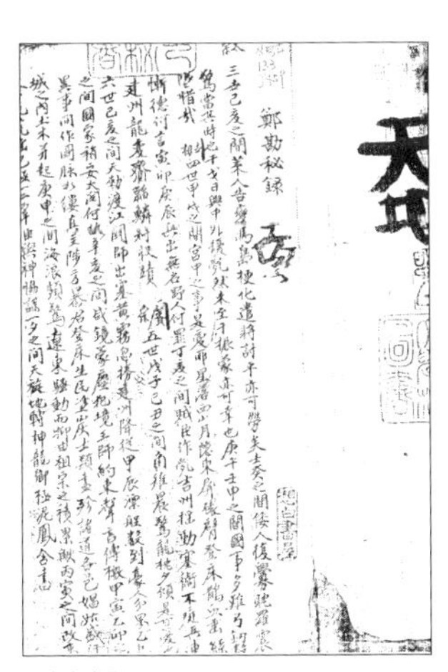

『정감비록』
저자 · 간기 · 간년 · 간지 미상, 규장각 소장

『정감록』은 다양한 형태의

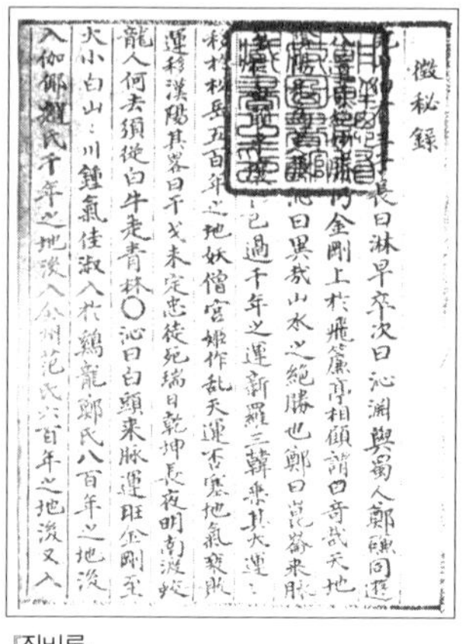

『징비록』
철종 9년(1858년) 필사본, 간지·간년·미상, 총15장, 유정수 소장본, 1989년 전주에서 구입했다 함.

비결을 집성한 민간예언서로서, 조선 말기의 쇠운설(衰運說)이 주축이 되며 참위설, 풍수지리, 도교사상 등이 혼합되어 있는 책입니다. 정확한 원본이 발견되지 않으며 민간에 유포된 각종의 필사본이 있을 따름입니다. 책이름도 정감록(鄭湛錄), 정감록(鄭堪錄), 감론초(堪論抄), 석서(石書), 조선보감(朝鮮寶鑑), 역세요람(歷歲要覽), 징비록(徵秘錄) 등 다양하게 불립니다.

『정감록』의 이본이 이처럼 많은 이유는『정감록』이 필사본으로 유통될 당시 집권층에서 사회질서를 어지럽히는 내용이라고 판단하여 이 책을 소지하거나 배포하는 일을 철저하게 금했기 때문입니다. 더욱이 인쇄술이 널리 보급되지 못했던 때여서 일일이 손으로 필사하여 여러 사람에게 유포되는 과정에서 오자나 탈자가 나오게 마련이었으며, 책의 일부 내용이 누락되거나 삭제되었고 때로는 특별한 이유로 몇 구절이 첨삭되거나 가필되기도 했기 때문입니다.

결국 지금까지 전하는『정감록』의 여러 이본들 가운데 어느 것이 진본인지를 확인하는 일은 거의 불가능합니다. 책 제목에 '원본' 또는 '진본'이라는 이름이 들어가 있다고 하더라도 그 책을 원본이나 진본으로 간주할 수는 없습니다. 그런 이름이 들어가 있는 이유는 그 책의 편자가 그 책에 권위를 부여하기 위해 붙인 것일 뿐입니다.

『경고』
유정수 소장본.

　한편 『정감록』의 여러 이본들 가운데 서울대학교 규장각에 소장되어 있는 규장각본 『정감록』은 지질로 볼 때는 근대에 필사된 것으로 보이지만 전체 체제나 내용으로 볼 때 가장 신빙성이 있는 사본으로 인정됩니다. 1923년에 김용주가 공간한 『정감록』도 바로 이 규장각본을 중심으로 삼았기 때문에, 앞으로도 특별한 이유가 없다면 규장각본을 『정감록』이라는 책의 저본으로 이해할 수밖에 없을 것입니다.

『정감록』의 저자는 누구이며, 어떤 내용이 적혀 있을까?

　『정감록』의 저자나 그 성립 시기에 대해서는 여러 학자들의 다양한 학설이 있지만 확실한 것은 밝혀지지 않았습니다.

『정감록』은 여러 가지 형식으로 서술되어 있으며, 사상적으로도 다양한 배경을 지니고 있습니다. 흔히『정감록』은 몰락한 지식인들이 풍수지리설이나 음양오행설에 관한 지식을 동원하여 왕조의 교체와 사회변혁의 당위성을 우주론에 입각한 운세법칙(運世法則)에 연관하여 설명한 책으로 평가됩니다.

『정감록』이 지닌 반왕조적이고 현실부정적인 내용 때문에 공식적으로 인쇄되지 못하고 민간에서 은밀히 필사본으로 전승되었기 때문에, 해를 거듭하는 동안 필사자들의 의도와 성향에 의해 끊임없이 첨삭이 가해졌음이 분명합니다. 그리고 설혹 어떤 비결서를 쓴 사람이 있다고 하더라도 필화를 당할 가능성이 매우 높기 때문에 자신의 이름을 공개적으로 밝히기는 어려웠을 것이며, 유명한 인물의 이름을 빌어 자신의 신분을 숨길 수밖에 없었을 것입니다.

따라서『정감록』은 결코 한 사람의 창작물이 될 수 없습니다. 오랜 세월을 지나면서 수많은 사람들의 손을 거친 저작임이 분명합니다. 책 이름에서 짐작되듯 정감(鄭鑑)이

『기말록』
유정수 소장본.

라는 전설적인 인물이 기록한 것으로 믿어질 따름입니다. 「감결」의 첫머리에는 "감(鑑)은 사마휘(司馬徽)나 제갈량(諸葛亮)보다 낫다"는 문구가 있습니다. 그러나 이런 예언적 참서(讖書)에 저자가 자신의 신분을 노출시키면서 실명을 밝힐 까닭이 없습니다. 또한 정감이 서촉(西蜀)에서 왔다거나 중국인일 것이라는 이야기도 신빙성이 부족하며, 고려 말기의 인물일 가능성도 희박합니다. 다만 글의 내용이 정확할 것이라는 독자들의 믿음을 유발하기 위한 일종의 장치에 지나지 않습니다.

「감결」에 정감이라는 이름이 명시되어 있지 않은 이본도 많으며, 특히 대화자인 이심(李沁)이 말할 경우에는 "심왈(沁曰)"이라고 이름이 구체적으로 거명되지만, 정감이 말할 때에는 "정왈(鄭曰)"이라고 기록합니다. 결국 정감이라는 이름이 중요시되지 않고, 다만 그의 성씨만 강조되고 있는 것입니다. 이와 관련하여 '정감록(鄭勘錄)'이라는 명칭으로 기록된 이본도 상당수

『하도리기』
붓글씨 필사본, 16면, 유정수 소장본, 내제(內題)에 일부선생상세가(一夫先生商世歌)라고 적혀 있다.

있습니다.

일반적으로 『정감록』의 성립 시기에 대해서는 외적의 침입에 의해 사회적 혼란이 극심하고 일신의 보전에 급급했던 임진왜란과 병자호란 이후로 보는 설이 가장 설득력 있게 받아들여지고 있습니다. 먼저 기존의 학계에서는 어떤 사람들을 『정감록』의 저자로 추정하는지 살펴보겠습니다.

교활하고 노회하며 야심에 찬 정치가였던 정도전(鄭道傳, 1337~1398)이 조선왕조의 역성혁명(易姓革命)을 합리화하고 민심을 조작하기 위해 『정감록』을 저술하였다는 일부의 추측이 있습니다. 그러나 『정감록』이 특정 인물에 의한 저술이 아니라는 사실은, 내용이 다양한 수십여 편의 비결들이 집대성되어 있다는 사실을 통해서도 충분히 짐작할 수 있습니다.

현병주(玄丙周)는 완산(完山) 이씨(李氏)의 족보에 한룽공(漢隆公)이라는 인물이 나오지 않으므로 그의 2세로 이야기되는 이심(李沁)과 그 대화자인 정감(鄭鑑)은 상상의 인물이라고 주장합니다. 나아가 그는 조선 초기에 계룡산을 중심으로 도읍을 정하려 했던 일이 실패한 이유를 설화에서 찾기도 했습니다. 이성계가 계룡산에 도읍을 정하려고 2년간이나 역사(役事)를 계속했지만, 당시 민중들은 고려 말의 충신으로 널리 알려진 정몽주가 억울하게 타살된 일을 안타깝게 여기고 전조(前朝)인 고려를 회고하고 추모하는 분위기여서 일이 제대로 진행되지 않았다고 합니다. 그 때 공중으로부터 신화(神話)가 있어 "계룡산은 정씨 후손이 도읍할 땅이다. 이씨가 도읍할 땅은 한양이다. 한양 도읍 오백 년 후에 계룡산이 정씨의 도읍이 될 것이니, 이씨는 공연히 정씨의 소유를 침해치 말라"고 했다는 이야기입니다.

결론적으로 현병주는 "정감록의 연원은 반드시 계룡역사시대(鷄龍役事時代)에 신화(神話) 일절을 근거로 하여 어떠한 무거자(無據者)가 기록하여 비전(秘傳)한 것이다"라고 주장하여, 조선 초기에 고려를 회고하던 민심이 정몽주의 충절이 후대에는 그 보상을 충분히 받을 것이라는 믿음에 힘입어 『정감록』이 정씨라는 특정 성씨의 인물을 중심으로 서술되었다고 보았습니다. 특히 그는 『정감록』에 수록된 「도선비결」을 설명하면서 나말여초(羅末麗初)의 인물인 도선이 왜 고려에 대해서는 유독 말하지 않았겠느냐는 의문을 표한 다음, 이는 도신을 가차한 익명의 인물이 지었기 때문이며, 『정감록』의 저작 연대도 1926년 이전 40년 안팎에 기록된 것이라고 추정하고 있습니다.

한편 최수정(崔守正)도 "이 태조 즉위 이듬해에는 할 일 없이 계룡산에 가서 어름어름하다가 신탁이나 받은 듯이 다시 한양에 와서 (도읍을) 정한 것이니, 정몽주에 대한 천추유한(千秋遺恨)은 마침내 정감비결(鄭鑑秘訣)로써 오백 년 동안이나 민간신앙에 잠재하여 오다가……"라고 기록하여 『정감록』이 정몽주의 피살사건과 관련이 있다고 보았습니다.

그런데 호세이(細井肇)는 「감결」의 저자를 정도전으로 보았습니다. 그는 조선 건국의 기초를 닦았던 정도전은 이씨 혁명을 혐오한 고려 말의 유신(遺臣)으로서, 태조에게 마음으로 복종하지 않고 세자 방석(芳碩)을 옹립하여 정안군(靖安君 : 李芳遠 · 太宗)을 제거하고 왕권을 자기 수중에 넣고자 음모를 꾸미다 발각되어 참살되었던 인물이라고 보았습니다. 실제로 정도전은 문무를 겸비한 인물로 혁명가적 소질의 소유자였습니다. 그는 조선의 개국과정에서 자신의 위치를 중국 한(漢)나라의 장량(張良)에 비유하면서 한고조가 장량을 이용한 것이 아니라 장량이 한고조를 이용하였다고 말하고, 실질적인 개국의 주역은 자신이라고 믿었다고 전합니다. 그렇지만 호세이는 결론에서는 『정감록』의 저작 연대에 대해 근대 50년~60년 전의 정쟁(政爭)을 나타내는 표현이 있다고 기록하여 1860년대 이후의 저작이라고 주장했습니다.

그러나 조선왕조 초기의 참서 · 비기류 목록에서 『정감록』이나 그와 유사한 비기류를 확인할 수 없고, 『정감록』의 핵심이 조선왕조의 멸망이라는 점을 고려할 때 적어도 조선왕조의 초기에 이러한 비결서가 저술되었을 가능성은 거의 없습니다.

이능화(李能和, 1869~1943)
는 선조(宣祖) 22년(1589)에 일
어났던 정여립(鄭汝立,
1546~1589) 사건에서 『정감록』
의 기원을 찾았습니다. 그는
"정여립은 뜻을 잃고 나라를
원망하던 사람이었다. 그는
계룡산에 갔다가 반란을 일으
킬 마음을 적은 반시(反詩)를
지어서 자기의 뜻을 나타냈
다. 그리고 "장차 목자(木子,

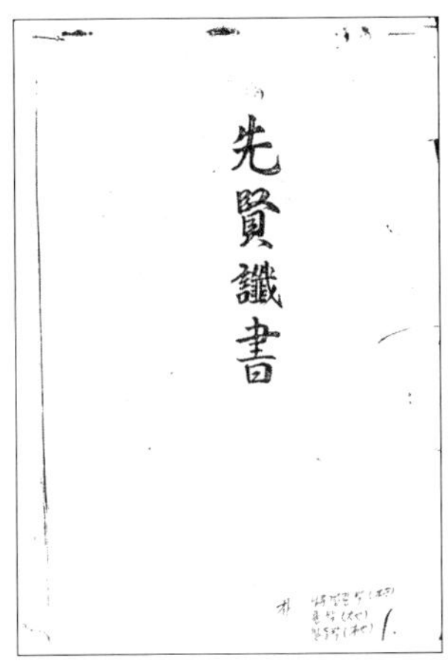

『선현참서』
필사본, 유정수 소장본

李氏)가 망하고 전읍(奠邑, 鄭氏)이 일어난다는 노래를 지어서
퍼뜨렸으며, 스스로 그에 응하였다. 이것이 『정감록』에 대한
주장의 시초가 된다"라고 주장했습니다. 그러나 이능화는 정
씨가 새로 일어난다는 간단한 언급 이외에 『정감록』의 저자
가 정여립이라는 구체적인 근거는 제시하지 못했습니다.

또 이능화는 정조(正祖) 을사년(乙巳年, 1785년) 홍복영(洪
福榮)의 옥사(獄事)와 순조(純祖) 신미년(辛未年, 1811년)에 일
어났던 홍경래(洪景來)의 난에 『정감록』이라는 용어가 분명
히 나온다는 점을 밝혔으며, 철종(哲宗) 임술년(壬戌年, 1862
년)에 왕족이었던 이하전(李夏銓, 1842~1862)이 제주도에서 사

사(賜死)된 후에 사람들 사이에 "그는 죽지 않았고 남조선(南朝鮮)에 숨어 붉은 옷을 입고 있다는 말이 떠돌았다"고 기록하였습니다. 결국 이능화는 『정감록』의 저작 연대를 그 용어가 분명히 나오는 정조 9년(1785) 이후로 보고 있으며, 그 하한 연대를 철종 13년(1862)까지 끌어내렸다는 점에서 탁월한 견해를 펼쳤습니다. 따라서 이능화는 지금까지 『정감록』의 저작 연대를 상한선에만 초점을 맞추어 설명한 오류를 시정하고자 노력했다고 평가됩니다.

최남선(崔南善, 1890~1957)은 이씨의 조선이 정씨의 혁명을 만난다는 운명설은 선조(재위기간 1567년~1607년) 전부터 있었고, 선조 22년(1589)에 일어난 정여립의 역모사건이 이를 배경으로 했으며, 특히 정조 을사년(1785) 홍복영의 옥사에 『정감록』이라는 명칭이 분명히 나오기 때문에, 『정감록』은 선조로부터 정조에 이르는 어느 시기에 미래국토의 희망적 표상으로 만들어낸 것이라고 주장했습니다.

양은용은 『정감록』이 조선 중기 이후에 유행했다고 보면서도, 조선왕조의 흥망이 중심 내용이 되었기 때문에 『정감록』의 성립은 조선왕조의 성립(1392년) 이후부터 그 명칭이 처음 등장한 홍복영 옥사(1785년)에 이르는 기간에 이루어졌다고 주장하여, 그 성립시기에 대해 매우 광범위한 규정을 시도했습니다. 나아가 양은용은 『정감록』은 조선 건국 후 이성계가 계룡산 아래에 신도(新都)를 경영했던 예에서 출발하여, 이 사건이 민중에 의해 하나의 신앙으로 전승되었다고 봅니다. 이러한 신앙을 바탕으로 『정감록』에 십승지(十勝地)의 하나로 계룡산이 열거되었고, 그 후 조선이 망한 다음 이 곳에서 새로운 정씨 왕조가 세워질 것이라는 정도령 출현의 참언(讖言)이 등장하여 새로운 전개를 가져왔다는 것입니다.

이민수는 『정감록』이 임진왜란과 병자호란을 겪은 이후인 17세기경에 저작된 것으로 봅니다. 그 근거로는 『정감록』이 "이망정흥(李亡鄭興)"의 반왕조적 참위설이라는 점을 제시했습니다. 이러한 참설은 풍수지리설을 이론적 바탕으로 하여 이씨 조선의 국운이 쇠했다거나 한양의 지덕(地德)이 쇠했다는 논리를 전제로 하는데, 이런 논리가 민심에 파고들려면 조선왕조 중기 이후 즉 임진왜란과 병자호란을 겪은 후의 위기의식이 배경이 되지 않으면 안 되기 때문이라고 주장합니다.

한편 안준근이 모은 『정감록집성』(1981)에 수록된 「농아집(聾啞集)」은 "천계(天啓) 4년 갑자(甲子) 완산(完山) 이운하(李運夏)"라고 끝을 맺는 서문이 있는 필사본입니다. 여기서 천계 4년은 명(明)나라 희종(熹宗)의 연호로서 서기 1624년에 해당합니다. 이를 근거로 『정감록』의 저작시기를 상당히 끌어올리려는 시도도 있을 수 있습니다.

그런데 「농아집」은 「서문」「책수기례(策數起例)」「팔문정

례(八門定例)」「월건례(月建例)」「토정비결원리(土亭秘訣原理」 등의 내용으로 이루어져 있습니다. 「토정비결원리」는 내용이 있는 것은 아니고, 편찬자가 붙인 제목만 있을 뿐입니다. 더욱이 「농아집」의 서문에 "농아일편(聾啞一篇), 즉아토정이선생소저야(卽我土亭李先生所著也)"라고 기록되어 있어서, 이 책이 이지함의 저술 또는 가탁(假託)임을 짐작할 수 있을 따름입니다.

결국 「농아집」이 한국 전래의 비결집이라는 사실은 인정할 수 있지만, 이 책이 바로 『정감록』의 하나로 인정될 수는 없다고 생각합니다. 왜냐하면 「농아집」에는 정씨의 새로운 왕국이 건설된다는 『정감록』의 핵심적인 특징을 나타내는 내용은 단 한 구절도 찾아볼 수 없고, 다만 상원(上元), 중원(中元), 하원(下元)의 분류에 따라 팔문(八門)과 별이름을 배치하여 운수를 가늠해보는 기록이 대부분이기 때문입니다.

안춘근이 모아놓은 『정감록집성』에서 연대가 밝혀진 판본은 「비람(秘覽) 청류당음청록(聽流堂陰晴錄)」이 유일합니다. 이 책은 고종(高宗) 23년(1886)에 간행되었던 시헌서(時憲書)의 이면을 활용하여 필사했다고 합니다. 사용한 종이에 의해 일단 그 이후의 어느 시기에 필사했다는 사실을 확인할 수 있습니다. 그리고 「비람」의 필사 연도에 대해서도 "신묘비등(辛卯秘謄)"이라고 적었기 때문에, 고종 23년(1886) 이후에 가장 빠른 신묘년은 고종 28년(1891)이므로 이 책은 1891년에 필사되었다고 추정할 수 있습니다. 더욱이 이 책은 1886년 3월 고종이 창경궁(昌慶宮)에 있을 때의 일을 기술하고 있으며, 「정감록(鄭堪錄)」 「옥룡자십승지비결(玉龍子十勝地秘訣)」 「옥룡비결(玉龍秘訣)」 등이 함께 기록되어 있으므로 정씨 왕국의 건설을 예언한 『정감록』의 하나로 인정할 수 있는 책입니다.

이 밖에도 서학이 크게 일어나 천주교인들이 많이 살해되었다는 언급이 나오는 「운기구책(運奇龜策)」이라는 이본도 있습니다. 서학에 대한 박해는 신해년(1791)과 신유년(1801)에 시작되어 을해년(1815), 정해년(1827), 기해년(1839), 병오년(1846)에 집중되었습니다. 이 기간 동안 무려 1만여 명의 천주교인이 희생되었다고 전하는데, 적어도 『정감록』 이본에 천주교 박해사건에 대한 언급이 있다는 점에서 본다면 아무리 빨라도 이 이본은 1791년 이후에야 작성되었다고 볼 수 있습니다.

상당히 길게, 그리고 복잡하게 설명된 듯합니다. 그러나 『정감록』에 대한 선행연구 성과를 확인해본다는 의미에서 반드시 필요하다고 생각해서 중요한 연구자들의 주장을 알아보았습니다.

결국 『정감록』이 언제 편찬되고 필사되기 시작했는지 정확하게 알 수는 없습니다. 다만 『정감록』은 고려 말기나 조선 초·중기 것이 아니라, 비교적 아주 가까운 시기에 필사된 것만 현재까지 남아 있을 뿐입니다.

그러므로 '현재 우리가 볼 수 있는' 『정감록』은 아무리 빨라도 서학이 우리나라에 들어온 이후에 필사된 것이며, 구체적으로 확인이 가능한 판본은 1890년대에 필사된 것으로 생각됩니다. 물론 이 부분에 대해서는 좀더 많은 정보가 필요하며 엄밀한 서지학적 연구가 뒷받침되어야 할 것입니다.

「운기구책」

『정감록』을 읽는 방법

　『정감록』의 전체적 내용은 난세에는 풍수설에 따라 지정된 피난처에서만 지복(至福)을 누릴 수 있으며, 궁극적으로 정씨 성을 지닌 진인(眞人)이 출현하면 이씨 왕조가 망하고 새로운 세계가 도래할 것이라는 주장입니다.

　기본석으로 『정감록』을 책의 종류별로 분류하면 비결서(秘訣書)입니다. 비결은 "어떤 일을 하는 데 있어서 남들이 알지 못하는 가장 효과적인 방법을 적은 글귀"로 정의됩니다. 따라서 『정감록』의 표현기법은 직설적인 표현을 피하고 은어(隱語), 우의(寓意), 시구(詩句), 파자(破字) 등을 사용하여 해석이 난삽하고 모호한 부분이 상당히 많습니다.

　예를 들어 『정감록』에는 적후(赤猴), 청마(靑馬), 금계(金

鷄), 목사(木巳), 금구(金狗), 흑룡(黑龍), 청저(靑猪), 백호(白虎), 황우(黃牛), 백토(白兎), 청서(靑鼠), 현사(玄蛇) 등의 표현이 있습니다. 붉은 원숭이, 푸른 말, 금빛 닭, 나무 뱀, 금빛 개, 검은 용, 푸른 돼지, 흰 호랑이, 누런 소, 흰 토끼, 푸른 쥐, 검은 뱀 등 알 듯 말 듯한 용어가 등장합니다. 도대체 무슨 말일까요?

언뜻 보면 무척 난해한 것 같지만 알고 보면 의외로 간단한 표현법입니다. 동양에서는 시간을 나누고 규정하기 위해 하늘의 체계인 십간(十干)과 땅의 체계인 십이지(十二支)를 상정하여 조합합니다. 즉 갑을병정무기경신임계(甲乙丙丁戊己庚辛壬癸)와 자축인묘진사오미신유술해(子丑寅卯辰巳午未申酉戌亥)를 결합시켜 이른바 육십갑자(六十甲子)를 얻어 이를 시간을 나타내는 명칭으로 사용했습니다.

십간을 동양적 세계관의 하나인 오행론(五行論)의 분류체계에 적용하면, 갑과 을은 목(木), 병과 정은 화(火), 무와 기는 토(土), 경과 신은 금(金), 임과 계는 수(水)에 해당합니다. 나아가 이를 색깔별로 분류하면 목은 청(靑), 화는 적(赤), 토는 황(黃), 금은 백(白), 수는 흑(黑)에 해당합니다.

이처럼 기본적인 동양적 사유체계를 이용하여 육십갑자를 색깔과 동물에 비유하여 표현한 것은 동양권에서도 우리나라에만 보이는 독특한 사고방식입니다. 따라서 이러한 표현법을 한국적 역학(易學) 또는 역(易)에 대한 한국적 이해라고 보아도 무방합니다. 어렵다고만 여겨져 왔던 전래의 역학을 민중적 차원에서 쉽게 풀어서 이해하려 했던 노력들이 결집된 것으로 보입니다.

이제 실제의 사용례를 들어보겠습니다.

적후(赤猴)의 붉을 적(赤)은 화(火)에 해당하는 천간(天干)인 병(丙)과 정(丁)을 뜻하고, 원숭이 후(猴)는 지지(地支)의 원숭이 신(申)에 해당합니다. 따라서 적후는 병신(丙申) 또는 정신(丁申)이 될 수 있습니다. 그런데 천간과 지지의 조합인 60갑자에 정신(丁申)이라는 조합은 있을 수 없으므로, 적후는 병신(丙申)을 가리킵니다. 결국 『정감록』 안에서 적후라는 표현이 나오면 병신(丙申)과 동일시하면 되고, 그 해에 태어난 사람을 가리키거나 그 해에 일어날 사건을 뜻한다고 이해하면 됩니다.

이와 같은 방법으로 유추해보면 청마(靑馬)는 갑오(甲午), 금계(金鷄)는 신유(辛酉), 목사(木巳)는 을사(乙巳) 등을

『견각생문종설』
겉 장에는 '천지가', 뒷 장에는 '일월가'라고 적혀 있다. 총 28장. 일심교에서 간행한 비결서이다.

가리키는 표현입니다. 십간 십이지만 안다면 쉽게 알 수 있는 표현법이며, 특히 동물과 결부시켜 육십갑자를 이해하고 오행의 색깔을 동물에 적용시킨 점에서 우리 조상들의 해학을 느낄 수 있습니다.

『정감록』에 보이는 파자(破字)가 낯설거나 어렵게 여겨지는 경우가 종종 있습니다. 파자는 "한자의 자획을 나누거나 합쳐서 어떤 사건이나 대상을 암시하는 방법"인데, 이 또한 의외로 간단합니다.

전읍(奠邑)을 합쳐서 정(鄭), 산추(山隹)를 합쳐서 최(崔), 비의(非衣)를 합쳐서 배(裵), 주초(走肖)를 합쳐서 조(趙), 목자(木子)를 합쳐서 이(李), 고월(古月)을 합쳐 호(胡), 어양(魚羊)을 합쳐 선(鮮), 혈하궁신(穴下弓身)을 합쳐 궁(窮)을 나타냅니다. 단순히 두 글자를 옆이나 아래위로 배열하기만 하면 되는데 누구라도 쉽게 알 수 있습니다.

그런데 조금 복잡한 파자가 보이기도 하는데, "선비가 관을 비뚤게 쓰고(士者橫冠), 신인(神人)이 옷을 벗고(神人脫衣), 달릴 주(走) 변에 기(己)를 비껴 타고(走邊橫己), 성인(聖人)의 휘자(諱字)에 팔(八)을 덧붙인다(聖諱加八)"가 그 예입니다.

선비 사(士)라는 글자에 모자를 비뚤게 쓴 형상을 덧붙이면 임(壬)이 됩니다. 그리고 신(神)이라는 글자에 옷을 뜻하는 의(衤)를 벗겨서 없애면 신(申)이 됩니다. 또 달릴 주(走)에 기

(己)를 올리면 기(起)자가 됩니다. 또 성인은 공자(孔子)를 뜻하고 공자의 이름은 구(丘)이므로, 여기에 팔(八)을 아래로 붙이면 병(兵)자가 됩니다. 결국 위의 구절은 ‘임신기병(壬申起兵)’ 이라는 네 글자를 나타낸 것으로 “임신년에 병사(군대)를 일으킨다”는 뜻입니다.

이러한 파자풀이는 뚜렷한 방법이나 특별한 체계가 있는 것이 아니라 그때그때마다 다르게 표현되기 때문에 견강부회하거나 자의적 표현법으로 보이기도 합니다. 그러나 이러한 형식의 파자는 『정감록』에서 유일하게 나오는 표현이기 때문에 더 이상 걱정할 필요가 없습니다.

이밖에도 『정감록』에는 한자의 음(音)과 훈(訓)을 빌려 어떤 뜻을 나타낸 경우도 있습니다. 예를 들면 궁궁(弓弓)이라는 글자입니다. 궁궁의 궁은 뜻으로 보면 활 궁(弓)이므로 우리말 발음으로는 ‘활활’ 을 의미합니다. 여기서 유추하여 궁궁을 활활과 유사한 ‘광활(廣闊)’ 이라는 의미로 풀기도 합니다. 그러나 어떤 이는 궁궁을 글자 모양이 비슷한 ‘약할 약(弱)’ 자로 풀이하며, 발음과 연관시켜 ‘궁색하고 가난한 모습’ 이라고 해석하기도 합니다.

또 다른 예를 들자면 소두무족(小頭無足)을 들 수 있습니다. 어떤 사람은 ‘깎을 삭(削)’ 으로 풀이하여 ‘머리를 깎은 왜구(倭寇)’ 를 가리킨다고 주장합니다. 그런데 또 다른 이는

‘무리 당(黨)’으로 해석하며, 때로는 ‘작은 머리에 발이 없다’는 뜻에 집착하여 ‘귀신 머리 불(甶)’ 또는 폭탄의 모양을 가리킨다고 풀기도 합니다.

이런 표현법은 정해진 해석이 있을 수 없으며, 풀이하는 개인이나 집단에 따라 다양하게 해석하고 있습니다. 일단 남김없이 해석이 가능하다면 비결서라고 이름붙일 수도 없겠지만, 장차 일어날 사건에 대한 예언적 단어나 문장이라는 입장에서 다양한 해석 가능성이 열려 있다고 보는 것이 좋을 듯합니다.

진인은 왜 정씨인가?

진인출현설이란 무엇인가?

『정감록』에 기초하여 이루어진 이른바 '정감록신앙' 이란 "정씨 성을 가진 진인이 출현하여 미래국토를 실현하고, 지복(至福)의 터전을 이룩한다는 신앙" 입니다. 나아가 정감록 신앙자들은 계룡산에 등장하는 정씨 왕조의 800년 통치에 이어, 가야산에는 조씨 왕조가 세워지고, 완산에는 범씨(范氏) 왕조가 세워질 것이라고 믿습니다.

『정감록』에 나오는 진인(眞人)과 관련된 글귀를 살펴보면 다음과 같습니다. 인용서적은 안춘근의 『정감록집성(鄭鑑錄集成)』(아세아문화사, 1981)이며, 괄호 안의 숫자는 해당 쪽수를 나타냅니다.

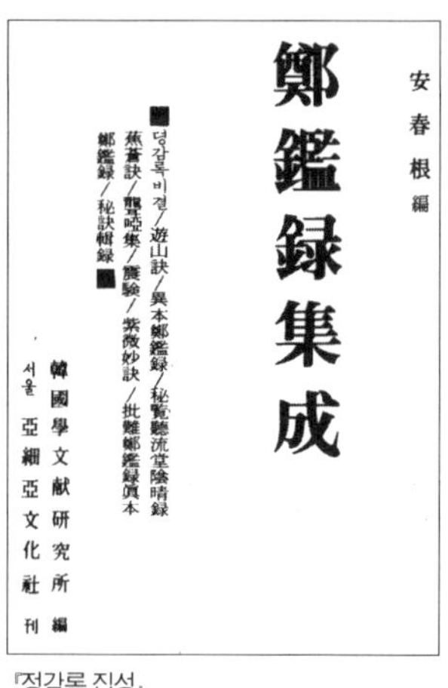

『정감록 집성』
870쪽. 1973년 3월 아세아문화사에서 발행했다.

「유산결(遊山訣)」: 진인이 남도(南島) 가운데로부터 온다(眞人自海島中來矣, 28쪽), 정씨가 남도(海島)에서 출현한다(鄭氏出於海島中, 29쪽).

「오백론사(五百論史)」: 성인이 남에서 태어난다(聖人生南, 412쪽), 진인이 남에서 나온다 眞人南出, 413쪽).

「경주이선생가장결(慶州李先生家藏訣)」「토정가장결(土亭家藏訣)」: 이 때 정씨가 남도(海島)의 병사를 통솔한다(此時, 奠邑率海島之兵, 447쪽), 곧바로 금강을 건너온즉, 천운(天運)이 돌아와 융성하리라 直渡錦江則, 天運回泰, 459쪽).

「서계이선생가장결(西溪李先生家藏訣)」: 이인이 남(南)에서 온다 異人南來, 472쪽), 진인이 남(南)을 건너온다(眞人渡南, 473쪽, 797쪽).

「징비록(徵秘錄)」: 진인이 남해로부터 나와서 계룡(鷄龍)에 왕업(王業)을 이룰 것이다(眞人自南海而來 鷄龍創業, 486쪽).

「운기구책(運奇龜策)」: 신유 연간에 성인이 바다로부터 나오니, 천명이 정씨에게 내려져 나라를 이루어 17세 520년 동안 유지하리라(辛酉間聖人出海 天命啓鄭 享國十七世五百二十年, 498쪽), 진인이 남해로부터 와서 계룡산에 창업하리라(眞人自 南海來 鷄龍山創業, 502쪽).

「요람역세(要覽歷歲)」: 개국 초에 진인이 어느 곳으로부터 세상에 나올 것입니까? 처음에 제주로부터 와서 다시 전라도 에 이른 다음 남(南)으로부터 올 것이니라(國初眞人從何而出世 乎 初自濟州而更至全羅 而自南而來, 527쪽), 진인이 제주도의 명 도에서 출현하니, 성은 정이요 이름은 도인이며, 자는 인감이 요 병진생이리라(眞人出濟州道 鳴島 姓鄭名道仁 字仁鑑 生丙辰, 529쪽).

「동거결(東車訣)」: 임진 연간에 직주(直主)가 해도(海島)로 부터 출현하리라(壬辰直主出於海島中, 555쪽), 진사 연간에 진 왕(眞王)이 해도에서 나오리라(辰巳之年, 眞王出海島中, 565쪽).

「감결(鑑訣)」: 계해년에 진인이 남(南)에서 출현하여 화산 (花山)에 도읍을 정하리라(癸亥眞人南出 國都花山, 578쪽), 이인 이 남으로부터 오리라(異人南來, 590쪽).

「감인록(鑑寅錄)」: 세 대장이 바다에서 출현하리라(三大將出 自海中, 615쪽), 성인이 남(南)에서 나오리라(聖人出南, 622쪽).

「정이감여론(鄭李堪輿論)」: 정씨가 해도(海島)에서 일어나 리라(鄭起於海島, 620쪽).

「비결집록(秘訣輯錄)」: 정씨가 남해도(南海島)에서 나오리라(鄭氏自南海島中來矣, 830쪽), 직인(直人)이 남해도에서 나와서 곡종(穀種)을 삼풍(三豊)에서 구하고, 인종(人種)을 양백(兩白)에서 구하리라(直人自南海島中來矣 求穀種於三豊 求人種於兩白), 성인이 남(南)에서 나오리라(聖人南來, 853쪽).

인용문을 통해 알 수 있듯이 『정감록』의 핵심 내용은 "진인이 곧 세상에 나타난다"는 진인출현설입니다. 진인, 성인, 이인, 직주, 진왕 등으로 불리는 초월적 능력을 지닌 인간이 정씨라는 성씨로 남, 남도, 남해(도), 해도에서 나올 것이라고 주장합니다. 때로는 진인의 이름과 자호와 생년이 구체적으로 명시되기도 하며, 출세지도 화산이라는 곳 또는 제주도의 특정 섬에서 출현하여 전라도를 거쳐 나올 것이라고 이야기되며, 계룡산에서 왕업을 이루거나 나라를 세워 520년 동안 다스릴 것이라고 자세히 설명되기도 합니다.

어쨌든 『정감록』의 가장 큰 줄거리가 바로 진인출현설이라는 사실을 명심하시기 바랍니다.

진인(眞人)은 어떤 존재인가?

진인(眞人)은 원래 도가(道家)의 말로 특히 『장자(莊子)』 「대종사(大宗師)」편에 대표적으로 언급되는 용어입니다. 여기서 진인은 "도의 참뜻을 깨달아 터득한 사람"으로 풀이되며, 범인(凡人)과 대립되는 존재입니다.

『장자』에서는 진인을 "역경을 거역하지 않았고, 성공을 자랑하지도 않았으며, 아무 일도 꾀하지 않았다. 잘못을 해도 결코 후회하지 않고, 잘 되어도 자랑하지 않는다. 높은 곳에 올라가도 두려워하지 않고, 물에 들어가도 젖지 않으며, 불에 들어가도 뜨겁지 않다. 이는 그의 지식이 자연의 도리에 도달할 수 있었기 때문에 그런 것이다"라고 묘사했습니다.

그러나 『정감록』의 진인은 도가적인 진인과는 다르다고 생각됩니다. 『정감록』의 진인은 기존 질서에 대항해 싸울 영웅이며, 새로운 왕조를 개창할 '민중적 메시아(구원자)'로 등장합니다. 진인은 실제로 장수들을 거느리고 기존의 집권세력을 대신해 정권을 장악하여 민중의 오랜 숙원을 이루어 잘 먹고 잘 사는 이상적인 세상을 만들어줄 존재로 기대됩니다. 도가의 진인을 특수한 수련법을 통해 도의 근원을 깨달아 스스로를 신선으로 변모시키는 이인이라고 정의할 때, 『정감록』의 진인은 민중과 함께 새 세상을 건설하는 현실적인 지도자입니다.

한편 진인출현설에 대한 국문학계의 연구 성과가 있습니다. 조동일은 진인출현설은 누구의 조작이기 이전에 "민중들 사이에서 자연스럽게 이루어진 이야기"라고 보며, 진인을 "세계와의 대결을 준비하고 있으며, 대결이 벌어진다면 반드시 승리할 것으로 인정되는 인물"이라고 정의합니다. 그리고 그는 진인이야기는 결말이 있는 영웅이야기와는 달리, 결말이 없이 오직 승리의 가능성을 예언하는 데서 이야기가 끝난다는 특징을 지닌다고 분석했습니다.

나아가 조동일은 민중적 영웅의 패배가 진인출현설에서는 진인의 전폭적인 승리 가능성으로 대치되어 있으며, 그 가능성은 아직 실현되지 않았기 때문에 설득력을 가질 수 있다고 지적합니다. 결국 그는 진인이 실패 또는 패배한 민중적 영웅을 뒤이어 그렇게 패배를 겪고도 다시 모색되는 승리 가능성을 최대한 고양시키고자 설정한 인물이라고 봅니다.

조동일은 17세기 말 숙종 때 발행된 『추안급국안(推案及鞫案)』의 기록[104책 신미(辛未, 1691년) 11월, 109책 갑술(甲戌, 1694년) 2월 28일]과 순조(純祖) 11년(1811) 12월부터 이듬해 4월까지 평안북도 일대에서 일어난 홍경래의 난을 평정한 기록인 『관서평난록(關西平亂錄)』을 진인이야기의 시작으로 분석하였습니다.

그는 숙종(肅宗) 17년(1691)의 자료를 분석하여 진인출현설은 "어느 부인이 아들을 낳아 길렀는데 아이가 일곱 살이 되자 어디론가 가버렸다는 이야기를 들은 사람들이, 그 아이를 생불(生佛) 혹은 득국지인(得國之人)으로 공연히 추측한 데서 시작되었다"고 밝히고 있습니다.

그 후 숙종 20년(1694)의 기록에서는 "섬에 머무르고 있는 정(鄭) 진인(眞人)이 나라에 변란이 일어나면 육지로 나올 테니, 그를 맞이할 준비를 갖추어야 한다"는 이야기로 발전되었습니다. 여기서 진인을 맞이할 준비는 재물과 사람을 모으는 일입니다. 이러한 이야기에 대해 조동일은 재물과 사람을 모아서 변란을 꾀하는 행위가 진인을 맞이한다는 구실로 합리화된 것이라고 평가하였습니다.

순조 11년(1811) 음력 12월에 일어난 홍경래의 난은, 정씨 진인이 나타나 철기(鐵驥) 십만 명의 군사를 이끌고 진군해 들어오게 예정되어 있으므로 이에 앞서서 기병한다는 이야기를 핵심으로 삼아 일어난 사건입니다. 난이 평정된 후 관변 측 인사들이 가담자들을 심문한 결과 진인출현설은 봉기군 측이 민심을 선동하고 규합하기 위해 꾸민 이야기라고 결론 지었습니다.

봉기군 측이 순조 11년(1811) 12월 18일에 낭독한 격문에는 "세상을 구할 성인이 평북 청천강 북쪽 검산(劍山) 일월봉(日月峰) 아래 군왕포(君王浦) 위쪽에 있는 가야동(伽倻洞) 홍의도(紅衣島)에서 탄생했다. 다섯 살 때 신승(神僧)을 따라 중국에 들어갔는데, 황명(皇明)의 세신유족(世臣遺族) 철기(鐵驥) 십만 명을 거느리고 장차 우리나라를 깨끗이 하러 올 것이다"라는 내용이 있었습니다.

당시 관군 측에서 진인의 삼촌이라고 주장하는 정세규(鄭世圭)라는 노인을 찾아서 조사한 내용을 살펴보면, 약 50년 전에 정세규의 형수가 고깃덩어리처럼 생긴 괴물을 낳았으므로 보기가 끔찍해 볏짚 쌓아둔 곳에다 버렸다가 땅에 묻은 일이 있었다고 진술했습니다. 그런데 이웃 사람들이 아이가 태어났는데도 우는 소리가 들리지 않고 흔적조차 없으니, "아마, 장군을 낳았구나. 그래서 태어나자마자 어디론가 가고 흔적이 없구나"라고 추측하여 뱉은 말이 빌미가 되어 풍문으로 발전했다는 것입니다.

이와 비슷한 이야기가 『관서평란록』에도 보입니다. 내용은 어느 정씨네 집 부인이 잉태하여 난산으로 신고(辛苦)하다가 괴물 모습의 아이를 낳아, 놀랍고 괴이하여 울타리 뒤에다 묻은 일이 있었다고 합니다. 이튿날 이웃집 여자가 찾아와 해산을 했는데 아이가 없음을 의심하여 "어젯밤에 아이를 낳았는데 지금 볼 수가 없다니, 세상에서 말하듯이 장군이 태어나자마자 어디론가 가버린 것이 아닐까?"라고 말했다는 것입니다. 이처럼 아낙네가 생각 없이 뱉은 말이 진인출현설로까지 번졌으며, 난을 꾸미는 주동자들이 민심을 선동하는 데 이를 이용했다는 것이 관군 측의 심문에 진술자들이 답한 내용입니다.

결국 조동일은 두 자료가 일치하며, 유언비어가 과장되어 엄청난 이야기로까지 발전했다는 관군 측의 조사결과는 믿을 만하다고 결론지었습니다. 장수나 진인이 나타나야 한다는 기대가 계속되던 차에 태어나자마자 자취를 감춘 아이가 있다는 풍문이 돌았으며, 그 아이가 바로 진인이 아닐까 하는 추측이 생겨났고, 이러한 추상적인 기대가 구체적인 근거를 가지자 진인이야기가 다시 생동하게 되었다고 봅니다. 진인 출현설은 민중운동의 퇴조기에는 일단 사라지거나 불신되지만, 그와 반대되는 상황이 조성되면 새삼스럽게 형성된 이야기인 것처럼 긴박한 설득력을 가지고 민심을 선동하고 규합할 수 있었으며, 이야기의 형성시기 자체는 그리 문제 삼지 않고 내용의 의미만을 파악하고자 했다는 것입니다.

왜 하필이면 정씨일까?

『정감록』에서 장차 이 세상에 올 진인(眞人)의 성씨가 왜 하필이면 정씨(鄭氏)로 이야기되었는지에 대해서는 여러 의견이 있습니다.

15세기까지 한국 사회에 출현했던 예언서나 비결서의 제목들은 비기(秘記), 비사(秘詞), 유훈(遺訓) 등이 대부분이었습니다. 여기서 기(記)와 사(詞)는 한문학의 한 분야이고, 훈(訓)은 예언서가 가진 도덕적인 성격을 강조하는 것입니다. 이에 비해 『정감록』이라는 책 제목은 '사실을 기록한다' 는 뜻의록(錄)으로 적혀 있습니다.

그리고 「신지비사(神誌秘詞)」 「도선비기(道詵秘記)」 「남사고비기(南師古秘記)」 등에 언급되는 신지, 도선, 남사고 등은 비결서의 저자를 가리킵니다. 물론 신화적이거나 역사적 인물인 그들이 직접 그런 내용의 비결서를 지었을 가능성은 거의 없으며, 후대의 가탁에 의한 것으로 보입니다. 그런데『정감록』의 저자로 믿어지는 정감(鄭鑑)은 실존 인물도 아니고, 신화적 인물도 아니며, 단지 가공의 인물에 불과합니다.

그렇다면 왜『정감록』은 하필이면 정씨라는 성을 가진 가공인물을 내세웠을까요? 아마도 그 이유는 조선왕조의 개국부터 유달리 정씨 성을 가진 사람들이 반왕조적인 사건을 주동했다는 역사적 사실과 관련이 있는 것 같습니다.

조선왕조의 개창자인 이성계의 회유를 끝까지 거부하다가 이방원의 사주로 개성의 선죽교(善竹橋)에서 격살되었던 정몽주(鄭夢周, 1337~1392), 왕위계승권을 둘러싼 왕자들의 난에 연관되어 희생된 정도전(鄭道傳, 1337~1398), 선조(宣祖) 때 뛰어난 재능을 지녔지만 당쟁에 휘말려 반란을 일으켰다가 죽도(竹島)로 도망쳐 자살했던 정여립(鄭汝立, 1546~1589), 영조(英祖) 때 밀풍군(密豐君) 탄(坦)을 추대하여 왕통을 바로 세워야 한다고 반란을 일으켰다가 참수된 정희량(鄭希亮, ?~1728) 등이 조선왕조에 반대한 대표적 인물들이었습니다.

　　따라서 조선왕조의 멸망을 예언하는 인물로는 정씨 성을
가진 사람이 가장 적합할 것이라는 인식이 널리 퍼져 있었을
것입니다. 그리고 정감의 이름인 '감(鑑)'은 거울을 뜻하므
로, '과거, 현재, 미래를 환하게 비추는 마술적인 거울'과 같
이 '미래를 투시하는 능력을 지닌 인물'이라는 의미로 사용
되었다고 짐작됩니다.

2장

비결의 역사와 『정감록』의 등장

조선 건국에 이용된 비결

『정감록』은 과연 언제쯤 완성되었을까?

　『정감록』은 수백 년 동안 금서(禁書)로 묶여 있었기 때문에 은밀하게 여러 사람의 손을 거쳐 필사본으로 전해져 왔습니다. 그리고 그 전파과정에서 전사자(轉寫者)의 의도에 따라서 본래의 내용이나 형식이 새로 구성되었을 가능성이 높습니다. 따라서 『정감록』의 작자를 정확히 알아내는 일은 아마 불가능한 일일 것입니다. 『정감록』이 단일한 책자가 아니라 수많은 판본이 있다는 현실을 고려할 때 더욱 그러합니다.

　그러나 『정감록』이 과연 언제쯤 편찬되었을까 하는 물음에 답할 수 있는 실마리가 『조선왕조실록』의 여러 곳에서 확인됩니다. 이제 이러한 실마리를 살펴보면서 논의를 진전시

커 보도록 하겠습니다.

『조선왕조실록』은 조선왕조의 공식적인 관찬사서입니다. 따라서 『정감록』 등의 비결에 관한 이야기가 상당히 걸러진 상태로 기록되었을 것이 분명합니다. 그럼에도 불구하고 『조선왕조실록』 곳곳에 비결과 관련된 기록들이 보인다는 사실 자체가 조선시대에 비결사상이 미친 영향력이 매우 컸음을 짐작하게 합니다.

우리나라에 전하는 비결의 역사

우리나라에는 예로부터 전해지는 비기(秘記)가 많았습니다. 고구려 보장왕 4년(645) 당(唐)나라 태종이 고구려를 칠 때, 당의 전략가 가언충(賈言忠)이 우리나라의 비기에 "9백 년이 못 가서, 80대장이 고씨를 멸하리라(不及九百年 當有八十大將滅高氏)"라는 기록을 인용한 다음, "한(漢)나라가 한사군을 둔 지 올해가 9백 년이고, 이적(李勣)의 나이가 80세입니다"라고 풀이했다고 전합니다. 여기서 이적은 당시 당나라 군대의 총사령관 이세적을 가리킵니다. 그러나 당나라 측의 비결 풀이는 맞지 않았고, 오히려 고구려의 대승으로 끝났습니다.

고려 숙종(재위기간 1096~1105) 때 김위제(金謂磾)가 도선(道詵)의 「답산가(踏山歌)」에 나오는 "송악의 뒤가 떨어졌으

니 어디로 갈까, 삼동에 해가 뜨니 평양이 있네(松岳後落向何
處 三冬日出有平壤)”라는 구절을 인용하여, ‘삼동에 해가 뜬
다’는 것은 손방(巽方)의 목멱(木覓)으로서 송경(松京)의 동남
쪽이라고 풀이했습니다.

또 김위제는「신지비사」의 “마치 칭추(稱錘) 극기(極器)와
같으며, 칭간(稱幹)은 부소(扶疎)다”라는 구절을 인용한 다음,
칭추라는 것은 오덕(五德)의 땅이요 극기는 백아강(白牙岡)인
데 이것은 저울로써 삼경(三京)을 비유한 것이라고 주장했습
니다. 즉 “송악(松岳)이 중(中)이 되고 목멱이 남(南)이 되고
평양이 서(西)가 되므로 극기라는 것은 머리요, 추라는 것은
꼬리며, 칭간은 벼리(綱)를 거는 곳이니 송악이 부소가 되어
칭간에 비유되고, 평양이 백아강이 되어 칭수에 비유되며, 삼
각산의 남쪽이 오덕구(五德丘)가 되어 칭추에 비유된 것이다”
라고 풀이했던 것입니다.

도선(道詵)은 신라 말기의 스님으로 옥룡자(玉龍子)라고도
부르며, 우리나라 음양지리학설의 비조(鼻祖)입니다. 도선은
고려 태조의 탄생과 건국을 예언했다고 믿어져, 역대 왕은 그
를 높여 현종은 대선사(大禪師), 숙종은 왕사(王師), 인종은 선
각국사(先覺國師)의 존호를 각각 주었습니다.

또 고려 공민왕 6년(1357)에 우필흥이 “「옥룡기(玉龍記)」에
‘우리나라의 폭원(幅員)은 백두산에서 비롯하여 지리산에 가

서 마쳤는데, 생긴 형세가 수근(水根) 목간(木幹)으로 된 지대이다. 따라서 검은 빛깔은 부모로 삼고, 푸른 빛깔은 자신으로 삼아야 한다. 또 풍속도 토(土)에 순응하면 잘 되고, 토를 거스르면 재앙이 생기게 된다' 라 했습니다"라고 진언했다고 전합니다.

이와 관련하여 도선이 "우리나라는 물을 뿌리로 하고, 나무를 줄기로 한 땅인 까닭에 빛은 청색과 흑색을 숭상하여야 되고, 애써서 소나무를 양식해야 된다"고 말했다는 이야기도 전합니다. 공교롭게도 고려 말엽 공양왕 4년에 진산(鎭山)과 망산(望山)의 소나무를 송충(松蟲)이 갉아먹고 태묘(太廟)의 소나무도 갉아먹어 버렸는데 바로 이 해에 고려왕조가 망했다고 합니다.

이러한 이야기를 종합해보면, 최소한 11세기 후반이나 12세기 초에는 도선이 지었다는 「답산가」라는 비결서가 왕실에까지 알려졌으며, 단군 임금의 신하였다는 신지(神誌)가 지었다는 「신지비사」도 전승되었음을 알 수 있습니다. 또 14세기 중반에는 도선이 지었다는 또 다른 비결서인 「옥룡기」도 알려졌으며, 그 이외에 도선이 했다고 전하는 예언도 전승되고 있었음이 확인됩니다.

한편 고려 우왕 14년(1388) 이성계(1335~1408)가 위화도에서 회군할 때 결정적인 계기가 된 사건이 정도전이 "일토운

진(一土運盡) 목자위왕(木子爲王)” 즉 “왕씨의 운이 다하고, 이씨가 왕이 된다”는 비결을 나뭇조각에 새겨 압록강에 띄워 놓고 하늘에서 내린 참서(讖書)를 우연히 발견한 것처럼 말한 것이었다는 이야기도 전합니다.

태조가 받은 금척(金尺)과 보록(寶籙)

조선 초기의 비결에 대한 관점은 이율배반적이었습니다. 한편으로는 비결이 역성혁명을 통해 고려왕조의 왕씨를 대신해 이씨 왕조가 건설된 역사적 사실의 당위성을 뒷받침해주는 결정적 근거로 믿어졌습니다. 반면 또 다른 비결이 유포되어 사회가 혼란스러워지는 일을 막기 위해 당시 집권층은 그동안 알려진 비결서들을 모두 수거하여 불태워버렸습니다.

먼저 조선왕조의 개국을 정당화시키는 비결과 관련된 이야기를 개국 초기부터 의도적으로 홍보했음을 알려주는 기록을 살펴보겠습니다.

태조 원년 7월에 임금이 잠저(潛邸)에 있을 때, 꿈에 신인(神人)이 하늘에서 내려와 금자(金尺)를 주면서 말하기를, “시중(侍中) 경복흥(慶復興)은 청렴하기는 하나 이미 늙었으며, 도통(都統) 최영(崔瑩)은 강직하기는 하나 조금 고지식하니, 이것을 가지고 나라를 바룰 사람은 공(公)이 아니고 누구이겠는가?” 하였다.

그 뒤에 어떤 사람이 문밖에 이르러 이상한 글을 바치면서 말하기를, "이것을 지리산(智異山) 바위 속에서 얻었습니다" 하는데, 그 글에, "목자(木子)가 돼지를 타고 내려와서 다시 삼한(三韓)의 강토를 바로잡을 것이다"라 하고, 또 "비의(非衣), 주초(走肖), 삼전삼읍(三奠三邑) 등의 말이 있었다. 사람을 시켜 맞이해 들어오게 하니 이미 가버렸으므로, 이를 찾아내지 못하였다. 고려의 서운관(書雲觀)에 간직한 비기(秘記)에 '건목득자(建木得子)'의 설(說)이 있고, 또 '왕씨(王氏)가 멸망하고 이씨(李氏)가 일어난다'는 말이 있는데, 고려의 말년에 이르기까지 숨겨지고 발포(發布)되지 않았더니, 이때에 이르러 세상에 나타나게 되었다. 또 조명(早明)이란 말이 있는데 사람들이 그 뜻을 깨닫지 못했더니, 뒤에 국호(國號)를 조선이라 한 뒤에야 조명(早明)이 곧 조선(朝鮮)을 이른 것인 줄을 알게 되었다. 『태조실록』 태조 원년(1392) 7월 17일.

고려왕조 말기의 혼란상을 바로잡을 인물이 바로 이성계라는 사실이 신인이 내려주었다는 '금으로 만든 자'라는 보물로 확인된다는 이야기입니다. 그리고 지리산 바위 속에서 나왔다는 비결에 을해(乙亥)생 돼지띠이자 이씨인 이성계가 앞으로 삼한 땅을 다스릴 것이며, 배씨, 조씨, 세 명의 정씨 등이 그를 도울 것이라고 적혀 있었다고 강조했던 것입니다.

더욱이 고려 왕실에서 은밀히 보관하던 비기에 이미 목자(木子), 즉 이씨(李氏)가 나타나 새로운 나라를 세울 것이 예언되어 있었고, 조선이라는 나라 이름까지 미리 정해져 있었다는 것입니다. 결국 고려왕조가 망하고 조선왕조가 열릴 것은 이미 하늘에서 정한 운수라는 주장입니다.

이와 비슷한 내용이 태조 2년(1393) 7월에 정도전이 올린 전문(箋文)에도 보입니다. 정도전은 「몽금척(夢金尺)」「수보록(受寶籙)」 등 악사(樂詞) 3편을 지어 바쳤습니다. 이때 정도전은 지리산 석벽 속에서 얻은 이상한 글에 "신도(神都)에 도읍을 정하여 왕위(王位)를 8백 년이나 전한다"라는 내용이 더 있었다고 주장하여, 조선왕조가 고려보다 훨씬 오래 지속될 것이 예정되어 있다고 강조했습니다.

조선 초기 도읍지 선정에 이용된 비결

한편 태조 2년(1393) 9월 서운관(書雲觀)에서 "도선(道詵)이 말하되, '송도(松都)는 5백 년 터이다' 하고, 또 말하기를, '4백 80년 터이며, 더구나 왕씨(王氏)의 제사가 끊어진 땅이라' 하는데, 지금 바야흐로 토목공사(土木工事)를 일으키고 있사오니, 새 도읍을 조성(造成)하기 전에 좋은 방위로 옮겨 가게 하소서"라고 상언(上言)하니, 왕이 도평의사사에게 내리어 이를 의논하게 하였습니다. 즉 도선의 비결에 개성은 5백 년 동안만 도읍지로 이용될 것이라고 적혀 있었다는 주장으로, 역시 조선왕조 개창의 당위성을 강조한 이야기입니다.

그리고 태조는 고려조에서 전해오는 비록(秘錄)과 도참(圖讖)에 관한 여러 책과 지리설을 음양산정도감(陰陽刪定都監)을 두어 교정하게 했습니다. 또 태조는 새로운 도읍지를 물색하다가 "송도(松都)의 지기(地氣)가 쇠퇴했다는 말을 듣지 못했느냐?"고 서운관 관원들을 질책하기도 했는데, 이때 관원들은 "이는 도참으로 말한 것이며, 신들은 단지 지리만 배워서 도참은 모릅니다"라고 대답했습니다. 그만큼 태조는 송도의 지기가 쇠퇴해져서 새로운 왕조가 세워져야 했다고 믿었고, 도참을 깊이 신뢰했음이 드러납니다.

이외에도 태조 3년(1394) 8월에 왕이 도읍을 옮길 만한 터를 글로 올리게 하니 정총(鄭摠)이 "도선(道詵)이 말하기를 '만약 부소(扶蘇)에 도읍하면 세 나라 강토를 통일할 수 있다'고 했습니다"라고 아뢰었고, 이직(李稷)은 "우리나라 비결에 이르기를 '삼각산 남쪽으로 하라'고 했고, '한강에 임하라'고 했으며, 또 '무산(毋山)이라'고 했으니 이곳을 들어서 말한 것입니다"라고 아뢰었습니다.

이런 기록을 통해 태조 당시에 도선이 지은 비결의 내용이 어느 정도 알려졌고, 이름이 알려지지 않은 비결서도 다수 있었다는 사실을 확인할 수 있습니다. 그리고 그 비결서들의 핵심은 나라의 도읍지에 관한 내용이었음을 짐작할 수 있습니다.

> 태종 4년(1404) 10월 어가(御駕)가 무악(毋岳)에 이르니, 임금이……사방을 바라보고 말하기를, "여기가 도읍(都邑)하기에 합당한 땅이다.……" 하니, 윤신달이 대답하기를, "……이 땅은 참서(讖書)로 고찰한다면, 왕씨(王氏)의 5백 년 뒤에 이씨(李氏)가 나온다는 곳입니다. 이 말은 이미 허망하지 않았으니, 그 책은 심히 믿을 만합니다. 이씨가 나오면, 삼각산(三角山) 남쪽에 도읍을 만들고 반드시 북대로(北大路)를 막을 것이라는데, 지금 무악(毋岳)은 북쪽으로 대로(大路)가 있으니 그 참서와 바로 합치합니다" 하고, 또 말하기를, "눈앞에 세 강(江)이 끌어당기기를 만월(滿月)과 같이 한다는데, 이 땅에 세 강(江)이 눈앞에 있으니, 또한 참서(讖書)와 합치합니다. 태상왕 때 이 땅을 얻지 못하여 한양에 도읍을 세웠던 것입니다" 하니,……『태종실록』 태종 4년(1404) 10월 4일.

태종 때에도 도읍을 새로 정하는 문제가 제기될 때마다 참서가 자주 인용되었으며, "왕씨의 5백 년 도읍 뒤에 이씨가 나온다"는 내용이 참서에 이미 있었음이 강조되고 있습니다. 새로운 도읍지의 조건으로 참서에 기재된 내용이 있는가가 중요하게 거론되었을 정도로 비결에 대한 당시인들의 믿음이 강했다는 사실을 확인할 수 있습니다.

> 태종 5년(1405) 8월에 의정부(議政府)에 명하여 한경(漢京)에 천도(遷都)할 가부(可否)를 의논하니, 의정부에서 흉년이 들었기 때문에 불가하다고 대답하였다. 임금이 말하기를, "음양서(陰陽書)에 이르기를, '왕씨(王氏) 5백 년 뒤에 이씨(李氏)가 일어나서 남경(南京)으로 옮긴다' 하였는데, 지금 이씨의 흥(興)한 것이 과연 그러하니, 남경으로 옮긴다는 말도 믿지 않을 수 없다.……"라 했다. 『태종실록』 태종 5년(1405) 8월 1일.

인용문에서 태종이 음양서로 표현된 비결서를 깊이 신앙했음을 확인할 수 있으며, 수도를 남쪽으로 옮겨야 하는 이유가 비결서에 기재된 기록이라고 생각했음을 알 수 있습니다.

> 태종 5년 8월 임금이 태상전(太上殿)에 조회하고, 임금이 태상왕께 장차 한경(漢京)으로 환도(還都)하겠다고 고하고, 또 헌수(獻壽)하니, 태상왕이 "음양(陰陽)의 설(說)이 비록 믿을 것은 못 되나, '왕씨(王氏) 5백 년 뒤에 이씨(李氏)가 나라를 얻어서 한경(漢京)에 도읍한다' 하였는데, 우리집이 과연 그 설(說)에 응하였으니, 어찌 허황한 말이냐? 또 우리집이 미리부터 나라를

얻을 마음이 있었느냐? 왕이 한경으로 환도하고자 하는 것이 실
상은 왕의 마음이 아니라, 하늘이 시켜서 그러한 것이다"라 했
다.『태종실록』태종 5년(1405) 8월 11일.

위의 인용문에서 보듯 태조와 태종은 조선왕조가 새로 개
창되고 도읍을 한양에 정하게 된다는 것이 미리 비결에 예언
되어 있었다고 거듭 강조하고 있습니다. 왕이 이러한 입장을
자주 표명하는 것은 조선이 개국된 것은 하늘이 정해놓은 운
명이기 때문에 더 이상 새 왕조를 반대하는 여론이 있을 수
없으며 있어서는 안 된다는 점을 확실히 하기 위함입니다.
그런데 태종 대에 벌써 참서를 이용하여 반란을 획책한 승
려들이 나타났습니다.

태종 6년(1406) 6월 중 설연(雪然), 혜정(惠正), 윤제(允濟) 등에
게 장(杖)을 쳐서 유배시켰다.……대간과 형조에서 순금사(巡禁
司)와 함께 설연을 국문해 다스리니, 그 제자 혜정(惠正)이란 자
가 그 무리들에게 이르기를, "내가 간직한 참서(讖書)로 보건대,
승왕(僧王)이 나라를 세워 이에 태평(太平)하게 될 것이다" 하
고,……『태종실록』태종 6년(1406) 6월 19일.

참서의 이름은 알려지지 않았지만, "승려가 왕이 되어 새

로운 나라가 세워질 것이다”는 내용이 있었다는 주장입니다. 이는 집권층에서 참서를 금지시키게 되는 명분을 주는 것이었으며, 그만큼 여러 종류의 참서가 상당히 유포되고 있었다는 사실을 짐작하게 해줍니다.

태종은 태조의 능묘에 비석을 세우고 비문에 태조가 꿈에 신인에게 금척을 받은 사실과 이인으로부터 새 나라를 세울 것이라는 비결을 받았다는 점을 적었습니다.

태종 9년(1409) 4월 13일 건원릉에 비석을 세웠는데, 비문은 권근이 지었다. 비문의 내용에 “……우리 태조 대왕(太祖大王)께서 잠저(潛邸)에 계실 때, 공덕(功德)이 이미 높았으며, 부명(符命)도 또한 나타났었다. 꿈에 어떤 신인(神人)이 하늘에서 내려와서, 금척(金尺)을 주면서 말하기를, ‘공(公)은 마땅히 이것을 가지고 나라를 바로잡으리라’ 하였으니……또 어떤 이인(異人)이 대문에 와서 글을 바치며 이르기를, ‘지리산(智異山) 암석(巖石) 가운데서 얻은 것이다’ 하였는데, 거기에는, ‘목자(木子)가 다시 삼한(三韓)을 바로잡으리라’ 는 말이 있었다. 그러므로 사람을 시켜 나가서 맞이하게 하였더니, 이미 가버리고 없었다. 서운관(書雲觀)의 옛 장서(藏書)인 비기(秘記)에 「구변진단지도(九變震檀之圖)」란 것이 있는데, ‘건목득자(建木得子)’ 라는 말이 있다. 조선(朝鮮)이 곧 진단(震檀)이라고 한 설은 수천 년 전부터 내려오는 것으로, 지금에 와서야 증험되었으니, 하늘이 유덕(有德)한 이를 돌보아 돕는다는 것은 진실로 징험이 있는 것이다.……우리 조선 처음 왕업(王業)을 여실 제, 신인(神人)이 꿈에 나타나 금척(金尺)을 주었으니, 부록(符籙)이 먼저 정해지고, 천명(天命)이 아주 분명하였네.……『태종실록』 태종 9년(1409) 4월 13일.

위의 인용문에서 고려 때부터 서운관에서 은밀히 전해졌다는 비결서의 이름이 드디어 밝혀졌습니다. 「구변진단지도」가 그것입니다. 더군다나 그 비결이 수천 년 동안이나 전해져 내려왔다고 주장하여, 조선왕조의 개창이 아주 오래전부터 예정되어 있었다고 강조합니다.

비결에 대한 새로운 해석을 제기한 태종

그런데 태종은 도읍지와 관련된 참설은 믿었으나, 세부적인 비결의 내용에 대해서는 부정적인 견해를 밝혔습니다.

태종 11년(1411) 윤 12월 임금이 "옛날부터 도참을 믿을 수 없다. 지금 보록(寶籙)의 설을 내가 믿지 않는다. 첫째는 '삼전삼읍(三奠三邑)이 응당 삼한(三韓)을 멸할 것이라' 하였는데, 사람들이 삼전을 정도전(鄭道傳), 정총(鄭摠), 정희계(鄭熙啓)라고 하는데, 정희계는 재주와 덕이 없고 개국하는 데도 별로 공이 없으니, 이것이 과연 때에 응하여 나온 사람이겠는가? 둘째는 '목자장군검(木子將軍劍), 주초대부필(走肖大夫筆), 비의군자지(非衣君子智), 부정삼한격(復正三韓格)이라' 하였는데, 사람들이 말하기를 '비의(非衣)는 배극렴(裵克廉)이라' 고 한다. 배극렴이 정승이 된 것이 오래지 않고, 보좌하여 다스린 것이 공효가 없었다.……보록을 받은 것은 악부에서 삭제하라고 명했다.『태종실록』 태종 11년(1411) 윤 12월 25일.

이 부분은『국조보감(國朝寶鑑)』에도 실려 있을 정도로 중요하게 인식되었습니다. 위의 인용문에서 세 명의 정씨가 이씨를 보좌하여 새 왕조를 세울 것이라고 풀이되었던 비결이 실은 "삼전삼읍이 삼한을 멸할 것"이라는 내용이었음이 확인됩니다. 당시 사람들은 세 명의 정씨를 정도전, 정총, 정희계라고 짐작했지만, 태종은 이러한 해석을 부정합니다. 바로 여기서 이 비결에 대한 해석의 가능성은 새롭게 제기됩니다. 즉 조선왕조의 개창과 관련되어 세 명의 정씨가 언급된 것이 아닐지도 모른다는 견해입니다.

나아가 태종은 목자장군검으로 시작되는 비결을 제시한 다음 비의(非衣)의 배씨를 배극렴으로 해석하는 견해를 부정하였습니다. 지금까지 비결은 조선왕조의 개국을 알리는 결정적인 근거로 제시되었고, 널리 홍보되었습니다. 그런데 당시 일반적인 해석과 달리 국왕 스스로가 비결서의 내용에 대해 해석이 잘못 되었다는 평가를 내렸습니다. 비결의 내용은 해석하는 사람에 따라 다를 수 있다는 점이 공식적으로 밝혀진 것입니다.

국왕이 비결에 대해 직접 내린 이와 같은 새로운 견해는 결국 이 비결이 조선의 건국에 대한 지적이 아니라 오히려 후대에 조선의 멸망과 연관될 수도 있다는 해석의 여지를 남겼습니다.

실제로 현재 『정감록』의 주요 부분 가운데 하나로 인정되는 「무학비결」에 "삼 전내(奠乃)가 내응하여 삼한을 멸망시킬 것이다. 목자장군의 칼이요, 주초대부의 붓이로다(三奠乃, 內應滅三韓. 木子將軍劒, 走肖大夫筆)"라는 구절이 보입니다.

이른바 『정감록』이 결집되기까지는 상당히 오랜 시간이 필요했겠지만, 태종 11년(1411)에 벌써 『정감록』에 포함되는 비결서의 일부 구절이 인구에 널리 회자되었고 임금의 입을 통해 조정에서도 언급되었다는 사실이 확인되었습니다. 이처럼 『정감록』의 탄생을 예고하는 전주곡은 이미 조선왕조의 초기부터 울려 퍼지고 있었던 것입니다. 그것도 비결을 통해 새 왕조 건국의 당위성을 주장했던 임금의 입을 통해서 말입니다.

　그리고 그토록 금기시되었던 비결서의 내용이 조금씩이나마 더 알려지는 것도 집권층의 입을 통해서입니다. 그나마 관찬사서에도 나타나 있지 않았더라면 현재의 우리들로서는 당시 유행되었던 비결서의 이름이나 내용에 대해서는 아무런 정보도 얻을 수 없을 것입니다.

　또 하나 우리가 유념해야 할 사실은 정권을 담당한 핵심세력의 논의과정에서 자연스럽게 비결의 내용이 이야기되고 있다는 것입니다. 당시 비결은 여러 계층에 광범위하게 알려졌을 가능성이 높습니다. 그만큼 비결이 널리 인정되는 분위기였던 것입니다. 이는 한 왕조가 망하고, 새로운 왕조가 세워지는 엄청난 역사적 변동은 반드시 어떤 형태로든지 하늘의 징조가 있어야 한다고 믿었던 당시 사람들의 인식이 반영된 것으로 여겨집니다.

　태조가 비결을 받은 일을 악부(樂府)에 올리지 말라는 태종의 명은 당시에는 지켜졌습니다. 그러나 세월이 흘러 세종은 태종 때 꿈속의 일이라는 이유로 악부의 가사에 오르지 못했던 「몽금척(夢金尺)」을 악부에 올렸습니다. 이후 세조 때에도 태조가 비기와 도참을 받은 일은 공식적인 문서에도 자주 언급되었습니다. 왕씨에서 이씨로의 역성혁명(易姓革命)이 가능했던 것은 하늘의 허락과 내정이 있었기 때문이라는 점이 계속 홍보되었던 것입니다.

태종 12년(1412) 1월에 하륜이 "어떤 비기(秘記)에 이르기를 '고려가 송악에 도읍하면 480년이고, 조선이 한양에 도읍하면 8천 세(歲)라'고 하였는데, 고려씨(高麗氏)의 역년(歷年)의 수가 과연 맞았으니, 이것으로 본다면 비기의 말을 믿을 수 있는 것입니다"라고 진언했습니다. 그러나 임금은 참문(讖文)과 몽괴(夢怪)는 믿을 것이 못 되며, 태조의 창업은 천명과 인심에 기초한 것이지 '금척'이나 '보록'의 기이함이 없더라도 창업하지 못했겠는가 라고 반문했습니다. 당시 하륜이 보았다는 비기가 어떤 것이었는지는 알 수 없지만, 왕조에 따라 도읍지가 달라진다는 내용과 왕조에 따라 정해진 역년이 적혀 있었음을 짐작할 수 있습니다. 물론 한양에 도읍하면 8천 년이나 왕조가 지속될 것이라는 전언은 상당히 부풀려졌을 가능성이 있습니다.

태종 12년(1412) 8월에 왕이 사관에게 명하여 충주사고(忠州史庫)의 서적을 가져다 바치게 했습니다. 이때 임금이 "신비집(神秘集)은 펴보지 못하게 하고 따로 봉하여 올리라"고 명했습니다. 임금이 그 책을 보고 "이 책에 실린 것은 모두 괴탄하고 불경한 설들이다"라고 말하고 불사르게 했습니다. 이 기록을 통해 앞서 언급되었던 「신지비사」와 유사한 이름의 비결서가 존재했었음이 확인됩니다.

또 태종 17년(1417) 6월 왕은 서운관에 있던 참서(讖書)를 모조리 불살라버리라고 명했습니다. 이때 태종은 "참서에 말한 바 목자(木子), 주초(走肖)의 설은 개국 초에 있었다. 정도전은 말하기를 '이것은 반드시 호사자(好事者)가 만든 것이다'라 했지만, 마침내 이 책을 따르게 되니, 조정의 대신들도 이를 믿지 않는 사람이 없었다"라고 말했습니다.

『고금상준록』
일명 '초창록'이라고 부르기도 한다.

그 후에도 태종은 "참위(讖緯)의 서(書)를 내가 믿지 않은 지 오래되었다. 왕씨 이씨의 사이에 목자(木子)라는 말이 있었고, 삼각산의 남쪽에서 눈으로 삼지(三池)를 본다는 말이 있어, 사람들이 모두 이를 믿었다"라고 한탄했습니다.

태종 17년(1417) 11월에는 왕이 참서를 금하는 교지를 내리기도 했습니다. 교지에서 왕은 "참위, 술수의 말은 세상을 미혹하고 백성을 속이는 것이 심한 것이다. 나라를 다스리는 자가 마땅히 먼저 버려야 하기 때문에, 이미 서운관에 명하여 요망하고 허탄하여 바르지 못한 글을 골라서 불사르게 했다.……만일 정한 기한까지 바치지 않는 자는……요서(妖書)를 만든 율에 의하여 시행하고 범인의 가산은 고한 사람에게

상으로 충당하라"고 했습니다. 그 후 서운관에 간직하고 있
던 참서 두 상자를 불살랐다고 합니다.

유언비어의 유포와 금서가 된 비결서들

도선의 비기에 관한, 세종과 문종 대의 기록

세종 5년(1423)에는 민간에서도 박씨(朴氏)를 목복(木卜)으로 표현할 정도로 파자(破字)가 유행하고 있었다는 사실이 확인됩니다.

그리고 세종 8년(1426) 3월 의금부에서 계하기를, "전에 부사직이었던 김용생(金用生)이 요망스런 말을 꾸며 내기를, '종묘의 소나무에서 까마귀가 울고, 하늘에서 기후의 변화가 일어나, 비가 오고 구름이 시커멓게 끼면, 이럴 때에는 왕조가 바뀐다'고 했다고 합니다." 이처럼 자연계의 변화를 통해 왕조의 교체를 예언하는 유언비어를 유포한 사람도 등장했습니다.

한편 세종실록 148권「지리지」경도한성부(京都漢城府) 관련기록에 "……(고려) 숙종(肅宗) 때 술사(術士) 사의령(司儀令) 김위제가 옥룡 선사(玉龍禪師)의 『도선밀기(道詵密記)』를 증거로 하여 아뢰기를……"라는 기록이 보입니다.

또 세종실록「지리지」전라도 영암 영광군조에는 도선(道詵)이 당(唐)나라에 들어가 일행선사(一行禪師)에게 지리법을 배워 가지고 돌아왔다는 내용과 고려 태조 왕건의 아버지에게 집터를 잡아주었다는 이야기가 실려 있습니다.

고려 때에는 도선이「답산가」와「옥룡기」를 지었다는 이야기가 전해졌지만, 조선조에 들어와서는 좀더 비밀스러운 내용이 담겨 있을 것으로 추정되는「도선밀기」를 지었다는 이야기로 확대되었습니다.

문종 원년(1451) 4월 전 부사정(副司正) 정안종(鄭安宗)이 상언(上言)하였다. "……산천이 험하면 땅의 정기가 악(惡)하므로 도선이 말하기를, '지맥(地脈)에 정력(靜力)이 없어서 동(動)함이 많으니, 정(靜)하면 비보(裨補)하고, 동하면 양진(禳鎭)한다' 하였습니다. 양진, 비보하여 화기(和氣)를 순합(順合)함은 옛 신선이 남긴 자취인데,……우리나라의 산천을 답사하여 이미 신술(神術)을 밝힌 도선의 『비밀서기(秘密書記)』외에 산수(山水)의 논(論)과 양진의 술(術)이 남긴 자취를 모두 좇아서 빠짐없이 살펴

드러내어 음양(陰陽)을 이끌어 맞추어서 만세의 태평한 기틀을
만들었으면 합니다.……『문종실록』 문종 원년(1451) 4월 14일.

위의 인용문을 통해 도선의 비기 내용 가운데 일부와 그가
지었다는 책이 『비밀서기』라는 것을 알 수 있습니다. 어쨌든
도선은 고려시대부터 조선왕조에 이르기까지 중요하게 언급
된 비결서의 저자였습니다. 반면 태조 이성계를 도와 조선왕
조 개창에 도움을 주었다는 무학(無學, 1327~1405)에 대해서
는 그의 생존시에는 『조선왕조실록』에 거의 언급되지 않으
며, 특히 비결서와 관련된 내용은 보이지 않습니다.

무학이 지었다고 전하는 비결, 실제로는 무학의 이름을 빌
린 어떤 사람의 비결이 역사의 무대에 등장하는 것은, 무학이
죽은 지 상당한 시간이 지난 후 그에 대한 전설이 많이 누적
되고 신비화된 면모가 일반인에게 받아들여지기까지 오랜
세월이 흐르고 나서야 비로소 가능한 일이었을 것입니다. 실
제로 무학이 지었다는 비결서가 언급되는 것은 그가 세상을
떠난 지 200여 년 후인, 임진왜란이 발생한 직후였습니다.

안평대군의 왕위 찬탈 계획에 이용된 비결

단종 원년(1453) 5월에는 김보명이 안평대군(安平大君) 용
(瑢)을 풍수설로 유혹하여 "보현봉 아래에 집을 지으면 이것

이 비기(秘記)에 이른바 '명당(明堂)이 장손(長孫)에 이롭고 만대(萬代)에 왕이 일어난다' 는 땅입니다"라고 했고, 이에 용이 무계정사를 지었다고 합니다.

또 이현로가 참서에 의거하여 "하원갑자(下元甲子)에 '성인이 나와서 목멱정(木覓井)의 물을 마신다' 라 하며 백악(白岳) 북쪽이 바로 그곳이어서 참으로 왕업(王業)을 일으킬 땅이니, 그곳에 살면 복을 받을 수 있다고 하니, 안평대군이 그곳에 집을 짓고 부참(符讖)에 응하려고 했다"는 기록이 있습니다. 이때 세조도 '도선의 글' 을 보았다는 기록이 있고, 세조가 안평대군과 이현로의 집에 있는 글을 모두 불태워 버렸다고 합니다.

세조의 비결서 수거 명령

세조 3년(1421) 3월과 5월에 왕이 팔도관찰사에게 명하여 『고조선비사(古朝鮮秘詞)』, 『대변설(大辯說)』, 『조대기(朝代記)』, 『통천록(通天錄)』, 『호중록(壺中錄)』, 『도선한도참기(道詵漢都讖譏)』 등의 문서를 사처(私處)에 간직해서는 안 되니 진상하도록 하라고 했습니다. 여기서 우리는 도선이 지었다는 『도선한도참기』라는 비결서를 확인할 수 있으며, 그 책이 한양에 도읍을 정할 것을 예언한 내용이 들어 있음을 짐작할 수 있습니다.

비결에 대한 언급이 보이지 않는 이시애의 난

그런데 세조 때 발생한 이시애(李施愛, ?~1467)의 난에는 진인출현설이 언급되지 않습니다. 세조가 즉위한 후 중앙집권체제를 강화하기 위해 지방관을 중앙정부에서 직접 파견하기 시작했습니다. 당시 함길도(함경도)의 호족이었던 전 회령부사 이시애는 지방 유지들의 자치기구인 유향소(留鄕所)의 불평불만과 함길도민들의 지역감정에 편승해서 세조 13년(1467) 5월에 반란을 일으켰습니다.

그는 함길도의 절도사가 반역을 음모하고 있다는 말로 휘하 병사들을 선동하여 절도사 강효문과 길주목사 설징신 등을 죽이고, "곧 남도(南道)의 군대가 바다와 육지로 올라와서 함길도 군민들을 다 죽이려 한다"고 지역민들을 선동했습니다. 이에 흥분한 함길도의 군인과 백성들이 유향소를 중심으로 들고 일어나 타 지역 출신 수령들을 살해하는 등 함길도는 대혼란에 휩싸였습니다.

또한 이시애는 여진족까지 끌어들여 토벌군에 대항했으나, 결국 허종, 강순, 남이 등이 이끄는 3만 명의 대규모 토벌군에 의해 격파되었습니다. 이시애는 길주를 거쳐 경성으로 퇴각한 다음 여진으로 도망치려 했지만, 처조카 허유례가 이시애의 부하들을 설득하여 그를 토벌군에 인계했습니다. 결국 그 해 8월 이시애 등이 토벌군의 진지 앞에서 처형당함으로써 난은 평정되었습니다.

무려 3개월 동안 함길도 지역을 혼란의 도가니로 몰아넣은 이시애의 난은 지역민들의 가슴에 오랫동안 아픈 기억으로 남았고, 중앙정부로부터의 소외감을 더욱 강하게 느끼게 했던 사건이었습니다. 이시애의 난에 떠돌았던 "남도에서 군대가 올라온다"는 이야기는 훗날 여러 비결서가 나온 지역으로 추정되는 함길도 등지의 사람들에게는 아프게 각인되었던 기억으로 남아 있었을 것으로 짐작됩니다.

세조 때 나타난 『도선참기』

이시애의 난이 평정된 직후인 세조 13년(1467) 8월에 난언(亂言)을 퍼뜨린 중을 의금부에 가둔 일이 있었습니다. 이조참판 신승선(愼承善)이 어떤 중이 난언하였다고 밀고하니, 왕이 즉시 선전관(宣傳官)에게 명하여 그 중을 잡아서 의금부에 가두었던 것입니다. 그 중은 "『도선참기(道詵讖記)』에 이르기를, '병정(丙丁) 연간에 난폭한 왕이 즉위하여 불법(佛法)을 다 멸한다'고 하였는데, 내가 가만히 생각하건대, 우리의 불도(佛道)를 멸할 것은 바로 북정(北征)하였다가 회군(回軍)할 때에 있을 것이다"고 말했다고 합니다.

또 그 이튿날 사노(私奴) 상좌(上佐)가 승정원(承政院)에 고하기를, "중 학선(學禪)이 나에게 이르기를, '도선국사(道詵國

師)의 참서에 이르기를, 성왕(聖王)이 위에 계시어서 불교(佛
敎)를 숭상하나, 병정 연간에 포악한 왕이 즉위하여 불법(佛
法)을 다 허물 것이라고 하였는데, 지금같이 함길도에 정벌하
러 간 군사들이 회군하여 입성(入城)할 때, 4대문(大門)을 닫
아서 지키고 들어가지 못하게 한다면, 삼각산의 중들을 다 죽
일 것이 틀림없다. 이것은 바로 참서와 합치하는 것인데, 만
약 이와 같은 사변이 있다면, 우리들은 마땅히 환속해야 한
다' 고 하였습니다"라 하였습니다.

『도선참기』라는 비결서가 거론되었으며, 특정한 연대를
명시하여 그 해에 어떤 사건이 발생할 것을 예언했음이 확인
됩니다. 이제는 한 왕조의 개창과 관련된 거대담론이 아니라
특정한 시점에 어떠어떠한 일이 일어날 것인지가 비결서에
적혀 있다는 식으로 구체적으로 이야기되는 상황에 이른 것
입니다.

성종의 금서목록

성종 즉위년(1469) 12월에 왕이 여러 도의 관찰사에게 교
서를 내려『주남일사기(周南逸士記)』『지공기(志公記)』『표훈
천사(表訓天詞)』『삼성밀기(三聖密記)』『도증기(道證記)』『지
리성모하사량훈(智異聖母河沙良訓)』, 문태(文泰)·왕거인(王居
仁)·설업(薛業) 세 사람의 기(記) 1백여 권과『호중록(壺中

錄)』『지화록(地華錄)』『명경수(明鏡數)』와 천문·지리·음양 등 여러 서책을 빠짐없이 찾아내어 서울로 올려 보낼 일을 이미 하유(下諭)했으니, 위에 언급한 『명경수』 이상의 9책과 『태일금경식(太一金鏡式)』『도선참기』는 전일의 하유에 의거하여 서울로 올려 보낼 것을 명했습니다.

성종대의 금서목록에도 『도선참기』라는 비결서가 있었음이 확인됩니다.

성종 때 민간에 알려진 재난발생설

성종 원년(1470) 8월에, 전라도 구례에 살던 149세 된 노인이 세조 13년(1467)에 죽었는데, 그의 혼이 위로는 천계(天界)와 아래로는 지부(地府)에 통달하여 인간에게 와서 "경인년 3월부터 바람과 비가 몹시 심해 악한 사람은 다 죽는다. 전염병과 전쟁의 재변으로 경인년과 신묘년 두 해에 사람이 8분(分)은 죽어서, 집은 있으나 사람은 없으며, 땅은 있으나 경작하지는 못할 것이다. 그리고 아홉 여자가 한 지아비와 함께 살며, 열 집이 한 마리의 소를 함께 부리며, 집에는 연기가 끊어지고 곡식은 쌓아두고 먹을 것이 없다. 만일 믿지 않는 자는 눈만 멀 뿐이고, 이 글 한 벌을 전하는 자는 자기 한 몸의 재앙을 면하고, 두 벌을 전하는 자는 한 집의 재앙을 면하고, 세 벌을 전하는 자는 크게 평안함을 얻을 것이다. 만일 믿지 아니하고 이 글을 집 속에 감추어 둔 자는 유혈의 재변을 볼 것이다. 이 글은 요동(遼東)에서 온 신강화상(新降和尙)의 글인데, 이것을 베껴 사람들에게 전해 주라"고 말했다고 합니다.

먼 지방에서 일어난 사건인데 조정에까지 알려질 정도로 상당히 널리 유포되었던 이야기였음을 짐작할 수 있습니다. 예언의 내용이 참혹한 재앙에 대한 것이어서 의외로 전파속도가 빨랐을 가능성도 높습니다. 특히 성종 원년(1470)이 경인년(庚寅年)이고, 성종 2년(1471)이 신묘년(辛卯年)이므로 눈앞에 임박한 종말을 강조했기 때문에 민간에 급속히 퍼져나갔다고 보입니다.

그런데 『정감록』「감결」의 "9년 동안 큰 흉년이 들어 백성들은 나무껍질로 연명하고, 4년 동안 전염병이 돌아 사람이 반으로 줄고"라는 부분과 「무학비결」의 "백 가호가 소 한 마리를 함께 부리고, 열 계집이 지아비 한 사람을 받들 것이다"와 「남사고비결」의 "갑인, 을묘 세상 일이 이미 끝이로다.……백 가호에 소가 한 마리요, 열 계집에 한 남편이로다"라는 부분이 위의 인용문의 내용과 비슷합니다. 곧 닥칠 재앙에 대한 이러한 묘사나 표현이 후대에 그대로 전승되어 『정감록』에 수용되었다고 보아야 할 것입니다.

성종과 중종 대에 알려진 도선의 비기

성종 16년(1485) 1월에는 "도선(道詵)이 삼천비보(三千裨補)를 설치하고 경축진양법(經祝鎭禳法)이 있었는데, 지금 비보한 곳의 절이나 탑, 그리고 못과 숲이 거의 다 허물어져서 없어졌으니, 산천의 독기가 모여서 병이 되는 것인지도 알 수 없습니다.……청컨대 도선의 산천비보하는 글에 의거하여 진양(鎭禳)하는 법을 거듭 밝히소서"라는 청원이 있었습니다.

이와 관련하여 도선을 "신(神)이 통한 밝고 지혜로운 중"이라고 평가한 사람도 있었으며, 당나라 일행선사는 "38장(將)의 법"을 사용했다고 설명했습니다.

중종 2년(1507) 윤 1월 25일 문서구(文瑞龜)가 "지금 천변(天變)이 있고 참기(讖記)가 있으니……"라고 말했고, "조광보가 도선의 참기에 이르기를 '10대를 전하여 국운이 다한다' 라 했습니다"라고 진술했습니다. 결국 조선왕조의 운명이 10대가 되는 중종 대에 끝난다는 예언이 도선이 지은 비결서에 있다고 주장하면서 반란을 도모했던 것입니다.

조선왕조의 초기부터 도선이 지었다는 비결서는 '도선한도참기', '도선참기' 등으로 불리거나 도선이 말했다는 예언의 형태로 널리 알려졌습니다. 도선의 유명세에 힘입어 비결이 유포되었을 가능성이 높고, 비결의 내용이 주장하는 사람에 따라 달랐음이 확인됩니다.

조광조를 죽음으로 내몰았던 비결

기묘사화(己卯士禍)는 기묘년 즉 중종(中宗) 14년(1519)에 훈구파(勳舊派)의 홍경주, 남곤, 심정 등이 경빈(敬嬪) 박씨(朴氏) 등의 후궁을 움직여 왕에게 신진사류(新進士類)를 무함(誣陷)하여 일어난 사건입니다. 그들은 대궐 뜰 나뭇잎에 과일즙으로 '주초위왕(走肖爲王)'이라는 글자를 써서 벌레가 갉아 먹게 한 다음, 궁녀를 시켜 그 잎을 따다가 왕에게 바쳐 의심을 조장하는 한편, 밤에 비밀리에 왕을 만나 위협에 가까운 논조로 조광조(趙光祖, 1482~1519)의 일파가 당을 조직하여 조정을 문란케 한다고 무고했습니다. 결국 조광조와 그 추종세력은 이 사건으로 희생당했습니다.

주초(走肖) 즉 조씨(趙氏)가 왕이 될 것이라는 비결에 왕의 마음이 흔들렸을 정도로 당시에도 비결에 대한 믿음이 상당히 있었음을 알 수 있습니다.

정여립 사건과 정씨 왕조 출현설

정여립(鄭汝立, 1546~1589)은 선조(宣祖) 원년(1567)에 진사가 되고, 선조 3년에 식년문과 을과 2등으로 급제한 후 성균관(成均館) 정록소(正錄所)의 학유(學諭) 벼슬을 했고, 선조 14년(1581)에 정언(正言)이 되었고, 선조 16년에는 예조좌랑이 되었으며, 이듬해 3월에는 홍문관(弘文館) 수찬(修撰)이 되었습니다. 그러나 그 해 4월에 벼슬을 사직하고 고향인 전주로 돌아갔습니다. 그로부터 1년이 지나 선조 18년(1585) 4월에 다시 홍문관 수찬이 되었으나, 얼마 지나지 않아 다시 사직하고 향리로 돌아가 독서와 후진 양성에 전념하였습니다.

정여립은 박학하여 읽지 않은 책이 없을 정도였다고 전하며, 명예를 구하고자 하는 자들이 다투어 그의 문하에 들어가니 제자가 더욱 많아졌고 권세도 날로 늘어갔습니다.

선조 22년(1589) 10월 황해도 관찰사 한준(韓準)의 고변(告變)으로 조정에서 금부도사 유담(柳湛)을 전주로 급파하여 그를 체포하고자 했으나 정여립은 이미 도피하고 없었습니다. 당시 조정에서는 한준의 제보가 엉성하고 막연하다는 점 때문에 모두들 정여립이 상경하여 변명할 것을 기대하고 있었습니다. 그러나 10월 14일 정여립이 진안군 죽도에 숨어 있다가 군관들이 체포하려 하자 스스로 칼로 목을 찔러 자결했다는 소식이 전해지자 그의 역모(逆謀)는 사실로 굳어져 버렸습니다.

정여립의 시신과 살아남은 정여립의 아들 옥남(玉男)과 박춘룡 등이 한양으로 압송되었습니다. 선조가 참석한 가운데 국청이 열리자, 당시 17세였던 옥남이 "길삼봉(吉三峯)이 모주(謀主)이고 해서인(海西人) 김세겸, 박연령, 이기, 이광수, 박익, 박문장, 변숭복 등이 가끔 왕래하였으며, 승려 의연(義衍)과 도사 지함두(地涵斗)가 서당에 머물면서 공모했다"고 자백했습니다.

이광수, 박연령, 지함두 등의 공초가 고변의 실마리를 제공한 조구(趙球)의 말과 대체로 같았습니다. 정홍, 방의신, 황언륜, 의연 등이 처형되었고, 이진길, 정여복 형제, 한경, 송간, 조유직, 신여성 등은 불복하다가 장형(杖刑)을 당해 죽었습니다.

이 사건에 대해 『선조수정실록』 선조 22년(1589) 10월조에는 다음과 같이 상세히 기록하고 있습니다.

이보다 앞서 1백여 년 전에, 민간에 '목자(木子)가 망하고 전읍(奠邑)이 일어난다'는 참언(讖言)이 있었다. 여립이 요승(妖僧) 의연(義衍)과 모의하여 이를 옥판(玉版)에 새긴 다음, 지리산 석굴 안에 간직하였다. 의연이 승도인 도잠(道潛), 설청(雪淸) 등과 산을 유람한다고 핑계하고 지리산에 이르러서는 '아무 방위에 보기(寶氣)가 있다' 하고 같이 가게 하여 옥판을 찾아내어 여립에게 돌려주니, 여립이 같은 동아리에게 비밀히 보여주고는 그 말을 누설하지 말도록 당부하였다.

의연은 본래 운봉(雲峰) 사람으로서 스스로 요동(遼東)에서 나왔다고 일컫고 명산을 두루 다니다가 사람을 만나면 넌지시 풍자하여 말하기를, '내가 요동에 있을 때에 조선을 바라보니 왕기(王氣)가 있었는데, 조선에 와서 살펴보니 왕기가 전주 동문(東門) 밖에 있었다' 하였다. 이로 말미암아 '전주에 왕기가 있다'는 말이 원근에 전파되었다.

여립이 또 말하기를, '내 아들 옥남(玉男)의 등에 왕(王)자의 무늬가 있는데 피기(避忌)하여 옥(玉)자로 해서 이름을 옥남(玉男)이라 하였다.' ……국초 이래로 참설(讖說)이 있었는데, '연산현(連山縣) 계룡산(鷄龍山) 개태사(開泰寺) 터는 곧 후대에 정씨(鄭氏)가 도읍할 곳이다’ 하였다.

여립이 일찍이 중 의연의 무리와 국내의 산천을 두루 유람하다가 폐사(廢寺)의 벽에 시를 쓰기를, “손이 되어 남쪽 지방 노닌 지 오래인데, 계룡산이 눈에 더욱 환하여라. 무자·기축 년에 형통한 운수 열리거니, 태평성세 이루는 것 무엇이 어려우랴!” 하였는데, 그 시가 많이 전파하였다.……여립은 잡술에 두루 통하여 감여(堪輿)와 성기(星紀) 등에 관한 서적을 중국에서 사다가 무리들과 강설(講說)하였고, 국가에 장차 임진왜변(壬辰倭變)이 있을 것을 알고 때를 타고 갑자기 일어나려 하였다.…… 수십 년 전에 천안(天安)의 사노(私奴) 길삼봉(吉三峰)이란 자가 용맹이 뛰어나 하루에 3백~4백 리를 걸어 다녔는데 그대로 흉포한 도적이 되었다. 관군이 매양 체포하기 위해 엄습하였으나 그때마다 탈주하였으므로 이름이 국내에 자자하였다.

여립이 지함두(池涵斗) 등으로 하여금 지방에 말을 퍼뜨리기를, ‘길삼봉·삼산(三山) 형제가 신병(神兵)을 거느리고 지리산으로 들어가기도 하고 계룡산으로 들어가기도 한다’ 하고, 또 말하기를, ‘정팔룡(鄭八龍)은 신용(神勇)한 사람으로 마땅히 왕이 되어 계룡산에 도읍을 정할 터인데 머지않아 군사를 일으킬 것이다’ 하였다. 팔룡은 곧 여립의 환호(幻號)인데, 실정을 모르는 자들은 다른 사람으로 알았다.

해서 지방이 바야흐로 임꺽정의 난을 겪었는데 여립의 요언(妖言)을 듣게 되어서는 백성들과 관리들이 두려워하여 모두 군장(軍裝)을 예비하고 급경(急警)에 대비하였다. 그런데 여립의 도당들도 그 사이에 섞여서 또한 변고에 대비한다는 것을 명분으로 삼아 앞을 다투어 병기를 수리하였는데, 실정을 모르는 자는 도적을 방어하기 위한 것으로 여겼다.

이때 해서에 떠도는 말이 자자하였는데, '호남 전주 지방에 성인이 일어나서 우리 백성을 구제할 것이다. 그때에는 수륙(水陸)의 조례(皂隷)와 일족, 이웃의 요역(徭役)과 추쇄(推刷) 등의 일을 모두 감면할 것이고 공·사천과 서얼(庶孽)을 금고(禁錮)하는 법을 모두 혁제(革除)할 것이니 이로부터 국가가 태평하고 무사할 것이다' 라 하였다. 어리석은 백성들이 그 말을 듣고 현혹되어 와자하게 전파하였다.······『선조수정실록』 선조 22년(1589) 10월 1일.

상당히 긴 인용문이지만 『정감록』과 관련된 매우 중요한 기록입니다. 이 사건이 일어나기 1백여 년 전 즉 성종 말년이나 연산군 즉위 초기에 민간에 "이씨가 망하고, 정씨가 일어난다"는 참언이 널리 알려졌다는 사실이 밝혀졌습니다.

이는 고려왕조 말엽에 "왕씨가 망하고, 이씨가 일어난다"는 참언이 유포되었던 사실과 거의 맥락을 같이 합니다. 조선왕조가 개창된 지 불과 1백여 년 만에 새로운 왕조가 건설될 것이라는 비결이 유포되기 시작했으며, 이후 다시 1백여 년이 지난 후에는 실제로 그러한 비결을 반란사건에 이용하려는 구체적 움직임이 있었던 것입니다. 더욱이 단순히 정씨가 집권층의 주요세력으로 부각될 것이라는 주장이 아니라 왕이 될 것이라는 점이 강조되었다는 점은 "전주에 왕기(王氣)가 있다"는 승려의 말이나 정여립의 아들의 이름 등을 통해 알 수 있습니다. 정여립은 새 왕조의 왕으로 등극할 속셈으로 반역을 도모했던 것입니다.

다음으로 중요한 대목은 조선왕조 개국 이래로 "계룡산 개태사 터는 장차 정씨가 도읍할 땅이다"라는 참언이 있었다는 진술입니다. 계룡산을 중심으로 정씨의 새 왕조가 건설될 것이라는 비결이 실제로 있었음이 비로소 확인되는 것입니다.

정여립은 당시 유명한 도적이었던 길삼봉 형제와도 연결을 시도했으며, 시리산이나 계룡산에서 실제로 군사를 기르고 있다는 소문을 퍼뜨렸습니다. 더욱이 당시 임꺽정의 난을 겪어 사회변혁에 대한 희망을 품고 있던 황해도 지역에 집중적으로 이러한 소문을 유포함으로써 반란의 중심지로 삼을 작정이었던 것입니다.

나아가 그들은 "정팔룡이라는 사람이 군사를 일으키고 장차 왕이 되어 계룡산에 도읍할 것이다"라는 구체적인 내용을 지닌 비결을 퍼뜨려 실제로 곧 일어날 사건이라는 점을 강조하려 했습니다. 여기서 정팔룡은 정여립의 다른 이름이라고 합니다.

특히 각종 세금과 부역으로부터 자유롭게 될 것이며, 온갖 억압과 차별이 없어지고 신분의 엄격한 구분이 철폐되어 만인이 자유롭고 평등한 세상을 맞이할 것이라는 엄청난 소식은 당시 민중들의 심금을 울릴 수밖에 없었고, 그만큼 빠르게 알려지는 결정적 계기가 되었습니다.

『정감록』의 핵심 주제가 '정씨가 새로운 왕조를 세워 계룡산에 도읍을 정한다' 는 것임을 염두에 둔다면, 정여립의 반란음모 사건에 그 모든 요소가 갖추어져 있음을 알 수 있습니다. 정여립이 조선 개국 초부터 전해온다거나 혹은 백여 년 전부터 전해오는 비결을 인용하고 있다고 주장한 것은, 그 비결이 오랜 전통을 가졌으며 신뢰할 만하다는 점을 강조하기 위한 것입니다. 따라서 『정감록』의 기본 줄거리는 임진왜란이 일어나기 직전에 이미 갖추어져 있었고, 여기에 계속해서 또 다른 예언들이 덧붙여져서 후대에 『정감록』으로 집대성되었다고 보아야 할 것입니다.

정여립 사건의 사상적 배경

정여립은 전라도와 황해도 지역을 중심으로 양반, 상민,

천민, 승려 등 다양한 신분계층이 참여한 대동계(大同契)를 조직하여 왕권에 도전하는 거사를 준비하였습니다. 그러나 이 계획은 사전에 발각되어, 대명률(大明律)에 따라 본인은 이미 죽은 몸이 다시 능지처참(陵遲處斬)되었고, 가족과 친척들은 죽임을 당하거나 노복으로 전락하였습니다.

또한 조정에서는 이후 약 3년간에 걸쳐 정여립 사건 관련자들에 대한 옥사(獄事)를 진행하여 수많은 사람들이 희생되는 참극이 발생하였습니다. 이 사건은 조선사에서 유례를 찾아보기가 힘들 만큼 많은 희생자를 낸 사건이었으며, 그 후 100여 년 간 정쟁(政爭)의 주제가 되었던 대규모 사건이었습니다.

율곡 이이가 죽은 뒤 정권에서 밀려난 서인(西人) 세력들은 정여립 사건을 계기로 수많은 동인(東人) 측 인사들을 연루시켜 옥사를 확대시켰고, 그 결과 지역적으로는 호남지역의 사류(士類)들이 분열과 희생을 당했습니다. 이는 한국성지사에서 호남인들에 대한 최초이자 가장 큰 정치적 박해가 되었습니다.

정여립은 "천하가 공물(公物)인데, 어찌 정해진 임금이 있겠는가?"라고 말했습니다. 또 그는 "왕후장상(王侯將相)에 씨가 따로 있는가? 인생천지간(人生天地間)에 누구나 천자(天子)가 될 수 있다"고 말하여, 당시 사회구조 전반에 걸친 부정을 표명한 혁명적 발언을 서슴지 않았습니다.

나아가 정여립은 "사마온공(司馬溫公)의 통감(通鑑)은 위(魏)로 기년(紀年)을 삼으니 이것이 직필(直筆)이다. 그런데 주자(朱子)가 그것을 그르게 여겼다"라고 주장했습니다.

여기서 기년은 정통인 황제(黃帝)의 연호를 기원으로 하여 기산한 햇수를 말합니다. 한(漢)나라가 망한 뒤에 중국 대륙에는 위(魏)·오(吳)·촉(蜀漢) 삼국이 일어났는데, 결국 중원을 차지하고 정복한 것은 위나라였습니다.

그런데 한나라의 종족(宗族)은 유비(劉備)였기 때문에, 위와 촉한 가운데 과연 어느 나라를 정통 국가로 보는가가 문제가 되었습니다. 『통감』을 지은 사마광(司馬光)은 위(魏)를 정통으로 삼아 황초연호(黃初年號)를 기년으로 삼았고, 훗날 주자(朱子)는 유비를 정통이라고 주장하면서 강목(綱目)을 지으며 촉한의 연호를 기년으로 삼았습니다.

따라서 정여립의 주장은 실제 역사에서 천하를 차지한 조조(曹操) 부자가 진정한 제왕이므로 역적으로 규정되어서는 안 된다는 것이었습니다. 바로 이러한 맥락에서 정여립은 누구든지 능력만 있으면 천자(天子)가 될 수 있으며, 그것을 역사적 사실로 받아들여야 한다고 강조했던 것입니다.

그래서 정여립은 유교적 정통주의의 사고방식에서 벗어나 천하가 공물(公物)이며, 중국 진(秦)나라 말기의 농민반란

지도자였던 진승(陳勝, ?~208)과 고려중기 노비해방운동을 일으킨 만적(萬積) 등이 주장했던 것처럼 "왕후장상의 씨가 따로 있는가? 인생 천지간에 누구나 천자가 될 수 있다"고 역설했던 것입니다.

한편 거의 동일한 시대를 살았던 남사고(南師古)가 "기축년 겨울 사이에 호남에 사는 시종(侍從)을 지낸 정가(鄭) 성(姓)을 가진 화마(火馬, 丙午年)의 해에 태어난 사람이 역적 모의를 하다가 일이 발각되어, 조정의 벼슬아치로서 연루되는 사람이 많을 것이다"라고 예언했다는 이야기가 전합니다.

정여립의 거사 계획과 이어지는 소문들

당시 진안현감으로 재직했으며 정여립 체포 작전을 지휘했던 민인백(閔仁伯, 1552~1626)에 따르면 정여립의 거사 계획은 다음과 같은 것이었습니다.

> 정여립이 늘 점치기를 경인년(1590)은 보통 길하고, 임진년(1592)은 크게 길하다고 하며, 홍문관원이 된 지 여러 해가 지나 성사시키기 어려우니 천명에 따라 경인년에 거사하는 것이 가하기에, 경인년 정월 모일 전주에 군사를 집결시키고 군기와 군량은 가지고 있는 것과 각 관아의 것을 빼앗아 사용한다.
>
> 전주 관원과 전라도 감사와 수령들은 금부도사를 가칭하여 모

두 죽인다. 천안을 통해 한강까지 가는데 홍제원에서 모여 진을
치고 용산의 서강창미를 군량으로 쓸 수 있다. 오랫동안 싸우지
않고 기다리며 진을 풀지 않는다. 한양성 밖의 군량과 수운을
통해 오는 팔도의 군량이 모두 우리들의 차지가 된다. 성 안의
사람들과 말이 굶어 죽게 되면, 세의 어려움을 알아 스스로 성
문을 열 것이고, 그때 성 안으로 진입한다.

또 변사(邊泗)가 무리를 이끌고 성 안에 숨어 들어가서 내부 동
조자 황억수(黃億壽) 등과 더불어 병조판서를 죽인다. 종루 앞
에 진을 치고 병조의 동서화약고를 쳐서 불을 지른다.『태천집
(苔泉集)』

한편『괘일록』에는 "이때 송한필이 황해도에 가서 성명을
고치고 스스로 조생원이라 하였다. 밤낮으로 동인(東人)을 원
망하여 원한이 골수에 사무쳤다. (송)한필의 무리들이 황해도
땅에서 어리석은 백성들을 꾀어서 말하기를 '전주에 성인이
났으니, 즉 정수찬(鄭修撰)이다. 길삼봉과 서로 친하게 왕래
하였는데, (길)삼봉은 하루에 삼백 리 길을 걸으며 지혜와 용
맹이 비할 데 없으니 역시 신인(神人)이다. 너희들이 만일 가
서 볼 것 같으면 벼슬이 저절로 올 것이다'라 했다"라는 기록
이 있습니다.

또『동소만록(桐巢漫錄)』에는 "사지에 몰려 동인(東人)에

혈원(血怨)을 품은 송익필(宋翼弼) 형제가 밤낮으로 궁리를 하던 중에, 마침 정여립의 대동계 소식을 듣자 이름을 바꾸어 황해도에서 점술가로 변신하여 허세 있는 향반들을 유혹하여, 조상 묘지·관상·신수를 보니 3년 내에 장상(將相)이 될 것이라고 속이고, 도내 모처 모씨를 찾아가라고 부추겼다. 그리고 이씨 왕조가 곧 망하고 정씨 왕조가 일어난다는 참문(讖文)을 보이며 시기가 도래하였다고 말하고, 호남에 왕기(王氣)가 성하니 정씨 성을 가진 자가 일을 도모하면 부귀가 저절로 이루어진다고 하였다. 시골의 어리석은 사람들은 송익필 형제의 말을 믿고 호남으로 달려가 이름이 잘 알려진 정여립을 찾아가 사귀고 왕래하니, 차츰 정여립에 대한 이야기가 주막에서 나돌아 다녔다. 이것이 정여립은 호남에 사는데 고변이 황해도에서 이루어진 까닭이다"라고 기록하고 있습니다.

정여립 사건이 일차로 종결된 후에도 조정에서는 정팔룡(鄭八龍), 길삼봉(吉三峯), 백일승(白日昇) 등 핵심관련자들을 체포하려고 노력했지만 끝내 잡지 못했는데, 결국은 그들이 가짜 이름을 만들어 사람들을 속인 것이며 특히 정팔룡은 정여립이 자칭했던 이름이라고 결론지었습니다. 그러나 후대에도 정팔용과 길삼봉은 반란사건에 심심찮게 등장하는 '반역의 상징적 인물'이었습니다.

또 정여립의 무리들이 황해도에서 "남방(南方)에 이인(異人)이 나와서 부역을 없애주려 한다"고 유혹하자 사람들이 좋아서 향응을 베풀었다는 이야기도 전합니다. 그리고 정여립이 이미 죽었는데도 백성들 사이에는 그가 죽지 않았다거나 그의 죽음이 아깝다거나 곧 큰 군사가 일어날 것이라는 등등의 유언비어가 꼬리를 물고 일어나 민심을 동요시키고 있다는 보고도 있었습니다.

임진왜란 발발에 대한 비결풀이

정여립 사건이 발생한 지 3년 후인 선조 25년(1592) 4월 역사상 미증유의 민족적 수난이었던 임진왜란이 일어났습니다. 선조 31년(1598)까지 무려 7년 동안 전국의 강토가 왜적에게 유린당해 황폐화되었고 수십 만 명의 전사자를 낸 참혹한 전쟁이었습니다. 다행히 명(明)나라의 원군을 얻어 왜적을 이 땅에서 몰아내는 데 성공했지만, 비참한 전란은 모든 백성들의 가슴에 큰 상처를 남겼습니다. 이후 지배층의 무력함에 대한 비판과 질타가 그치지 않았고, 사회 전반의 제도와 기능에 대한 대대적인 반성과 함께 민족에 대한 자각이 일어나게 되었습니다.

임진왜란이 일어난 직후에 무학(無學)이 지은 「도참기(圖讖記)」에 역대 국가의 일을 예언했다는 내용과 그에 대한 풀이가 있습니다.

국초(國初)에 승려 무학(無學)이 지은 도참기(圖讖記)에 역대 국가의 일을 말했는데, 임진년(1592)에는 '악용운근(岳聳雲根), 담공월영(潭空月影), 유무하처거(有無何處去), 무유하처래(無有何處來)'란 말이 있는데, 이것이 무자년과 기축년으로부터 세상에 행해지다가 임진년에 이르러서 크게 성행했으나 아무도 그 말을 해석하는 이가 없었다. 그러던 중에 왜구가 갑자기 들이닥치자 조정에서 순변사(巡邊使) 신립(申砬)을 보내어 방어하도록 하였는데, 신립이 충주에서 패전하고 전군이 월락탄(月落灘)에서 몰사했다. 이른바 '악(岳)'은 곧 유악강신(維岳降申)'이고, '용(聳)'은 '입(立)'의 뜻이며, '운근(雲根)'은 곧 돌[石]이다. 그러므로 '악용운근(岳聳雲根)'은 '신입'이란 말이 된다. 또 '담공월영(潭空月影)'은 곧 '달이 여울에 떨어진 것[月落灘]'이니 '물에 빠져 죽는다'는 말이다. 그 아랫 구절은 도성 안의 백성은 피난가고 왜구가 입성(入城)한다는 말이다.

또 동요(童謠)가 있어 임진년 정월부터 도성 안에 퍼지기 시작하더니 4월에는 크게 유행했다. 동요는 곧 '이팔자 저팔자 타팔자(此八字彼八字打八字), 자리봉사 고리첨정(自利奉事高利僉正), 경기감사 우장직령(京畿監司雨裝直領), 큰달마기[大月乙麻其]'였는데, 임진 난리 뒤에 해석하는 자가 이렇게 말하였다.

"중국 사람은 남녀가 간음하는 것을 일러 '타팔자(打八字)'라
고 하는데 이는 중국 군대가 우리나라의 여인을 간음한다는 말
이고, '자리고리(自利高利)'는 우리나라의 방언으로 '냄새나고
더럽다'는 뜻인데 이것은 임진 난리 뒤에 생긴 납속군공(納粟
軍功)을 의미하며, '봉사(奉事)·첨정(僉正)'은 다 낮고 미천함
을 의미하고, 상이 4월 그믐에 파천하였으니 그 달은 큰 달이며
큰달 그믐 곧 큰달 말일이란 뜻이다. 이른바 '큰달마기'란 곧
'큰달 끝[大月末]'이란 뜻이고, 그 날은 마침 큰비가 내려 경기
감사가 우장(雨裝)과 직령(直領)을 입고 어가를 뒤따르게 된다
는 뜻이다"라 했다. 『선조실록』 선조 25년(1592) 4월 30일.

임진왜란이 발발하자 이를 예언했다는 무학의 비결서가
그럴듯하게 민간에 알려졌고, 전쟁의 참혹함과 임금의 피난
에 대한 일을 예언하는 동요가 널리 유행했다는 내용입니다.
여기서 조선왕조의 개국과정에 태조를 도왔다고 전하는 무
학이 이제는 비결서의 작자로 부각되고 있다는 사실을 알 수
있습니다.

유명한 스님이었고 풍수지리에도 밝았다고 믿어진 무학
은 왕조의 운명을 예견했던 신이한 인물로 기억되기 시작했
던 것입니다. 조선왕조 역사상 가장 큰 참변이었던 임진왜란
의 발생이라는 중대한 사건은 반드시 누군가는 미리 알고 있

었을 것이라는 민중의 기대가 개국 초기의 무학을 역사의 무대에 불러냈던 것으로 보입니다. 무학은 그러한 민중의 기대를 저버리지 않고, 비결을 이용하여 정확히 왜란의 발생을 예언했던 인물로 믿어졌습니다. 그 후 무학은 고려 초기의 도선과 마찬가지로 비결서의 저자로 알려졌습니다.

정씨 왕조 출현설과 신도(新都) 예정지

선조 28년(1595) 11월에는 정여립의 여당(餘黨)인 이성남(李成男)이 능히 안개를 일으키고 둔갑장신(遁甲藏身)하며 화복(禍福)을 미리 아는 술법이 있다고 주장했습니다. 그는 자신의 아들과 두 명의 첩이 신이하다고 강조하며, 월악산(月岳山) 아래가 도읍하기 좋다고 주장했습니다. 또 그는 정여립의 아들 가운데 한 명이 아직도 가야산(伽倻山)에 살아있으며, 여러 곳의 무리들과 교통하고 있고 진법을 익히고 술사와 교류한다고 말했습니다. 나아가 그는 "국도(國都)를 설치할 만한 곳은 충주 월학산(月壑山)과 신도(新都)가 가장 좋다. 병신년과 정유년 사이에 국운이 태평해진다"고 말하며 반란을 도모했습니다.

정여립 사건이 일어난 지 6년 만에 그것도 왜적의 침략전쟁으로 국토가 유린되던 상황에서 새로운 도읍지가 일부 인사들 사이에서 거론되었습니다. 새 도읍지는 곧 새 왕조가 일어날 것이라는 주장과 동일합니다.

　광해군 4년(1612) 2월에도 정씨(鄭氏) 성을 가진 사람을 내세우고 역모를 꾀한 사건이 있었습니다. 그리고 광해군 4년(1612) 11월에는 술관(術官) 이의신(李懿信)이 "도성의 왕기(旺氣)가 이미 쇠하였으므로, 도성을 교하현(交河縣)으로 옮겨야 합니다"라고 상소했습니다. 임진왜란을 겪은 후에 나라의 운수를 바꾸기 위해 도읍을 옮겨야 한다는 의견이 나왔던 것입니다. 이는 나라의 운명이 수도의 지기(地氣)에 달려 있다는 믿음이 반영된 것입니다.

　광해군 5년(1613) 5월에는 의인왕후(懿仁王后)의 5촌인 정협(鄭浹)을 왕으로 삼고자 기도한 반란사건이 있었습니다. 또 광해군 10년(1618) 8월에는 "세상에 전해지는 산수비기(山水秘記)는 세상에 떠돌아다닌 지 이미 오래되었습니다"라는 보고가 있었습니다. 이에 왕이 격문에 나타난 "대장군(大將軍) 정(鄭) 운운(云云)"이라는 내용을 조사할 것을 명하기도 했습니다. 정여립 사건 이후 발생한 반란음모사건에 정씨가 나타나 새 왕조를 열 것이라는 예언이 있었다는 점을 알 수 있습니다. 정여립 사건이 일어난 후에는 유달리 정씨를 중심으로 반란을 도모하는 사람이 자주 등장합니다. 그 까닭은 이씨 왕조 다음에는 정씨 왕조가 나올 것이라는 민중의 믿음을 이용하려는 의도에서 비롯되었다고 생각됩니다.

한편 광해군 때에 허균(許筠, 1569~1618)이 비결서를 만들어 유포한 위험인물로 지목되었습니다. 요망한 짓을 하고 참언(讖言)을 조작하는 것이 허균의 장기라고 규정하고, 중들이 난을 일으키려고 모의한 일과 흉서가 걸린 일과 유구(琉球)의 군대가 와서 섬 속에 숨어 있다는 소문이 나돈 일이 모두 그가 한 짓이라고 주장한 사람도 있었습니다.

그러나 후대에도 허균이 비결의 저자로 부각되는 일은 없습니다. 허균이 반역죄로 처형당했기 때문에 그의 이름을 사용하여 비결서를 가탁하는 일은 더욱 위험한 일이 되었을 것이며, 후대에 비결서의 저자로 등장하는 도선, 무학, 남사고, 이지함, 정북창, 서산대사 등은 생애와 행적에 신비성을 결부시킬 여지가 많았지만 허균의 경우에는 그렇지 못했다는 점이 중요한 요인으로 작용했다고 여겨집니다.

유효립의 반란 사건과 계룡건도설

인조 6년(1628) 1월 제천에 귀양가 있던 유효립(柳孝立)과 원주에 사는 정심, 정자, 정린 등이 함께 모의하여 거사하기로 작정했습니다. 이들은 무기를 지니고 집결해 있었으나 결국은 관군에 의해 모두 체포되었습니다.

그런데 이 사건 관련자였던 유두립(柳斗立)이 얻었다는 참서(讖書)에 "초계(草溪)에 조수(潮水)가 들어오고 계룡(鷄龍)에

서울을 건립하는데, 조선 사람들이 모두 벙거지를 쓰고 털옷을 입는다”는 등의 말이 있었습니다.

초계(草溪)라는 지명은 경남에 있는 초계군(草溪郡)과 경기도 여주 남쪽 5리에 있는 초계원(草溪院)이라는 여관에서 확인됩니다. 이 두 곳은 계룡산과는 멀리 떨어져 있기 때문에 계룡산에 도읍을 세운다는, 이어지는 구절과의 연관성이 부족합니다.

그런데 이 “초계조입(草溪潮入), 계룡건도(鷄龍建都)”라는 구절은, 현전하는 『정감록』「감결」의 “초포(草浦)에 조수가 들어와 배가 다니고”와 「오백론사」의 “초포와 서진(西津)에 선객이 만 리까지 이르고”와 「토정가장결」의 “초포에 배가 다닐 때 그대는 가히 알 것이다”와 비슷하며 「감결」의 “계룡산은 정씨의 팔백 년 도읍할 땅이로다”, “계룡산에 나라를 세우면”과 「삼한삼림비기」의 “계룡산 밑에 도읍할 땅이 있으니, 정씨가 나라를 세우리라”와 비슷합니다.

바로 이 구절이 『정감록』에 수용되었다는 이유로 『정감록』의 저작 시기를 인조 6년(1628) 무렵으로 보려는 시도도 있습니다. 그러나 이미 앞에서 살펴보았던 내용에서 알 수 있듯이 『정감록』에 나오는 특정 구절과 비슷한 몇몇 구절은 조선 초기부터 전승되어 왔습니다. 그리고 정씨가 새로운 왕조를 계룡산 아래에 세울 것이라는 비결은 이미 정여립 사건 때 널리 알려졌었습니다.

특히 『정감록』에는 초계가 아니라 초포라고 적혀 있다는 점에서 유효립 사건과 『정감록』을 직접 관련시키는 데 약간의 어려움이 있습니다. 훗날 정조 6년(1782) 11월에 일어난 문인방 사건에서는 계룡산 근처에 있는 초포라는 지명이 명확히 표기된다는 점을 고려할 때, 최소한 우리가 현재 볼 수 있는 『정감록』의 내용과 직접 관련된 구절이 나타나는 일은 인조 대가 아닐 가능성이 있습니다.

한편 유효립과 친했던 승려 담화(曇華)가 치악산 옥룡사(玉龍寺)의 비석에 "술년(戌年)과 해년(亥年)에 사람이 상하는 화가 발생하는데, 인년(寅年)과 묘년(卯年)에는 어떻게 될지 모른다"는 등의 참설을 기재했다는 진술도 있었습니다. 또 승려 담화가 "참기(讖記)에 '자년(子年)과 축년(丑年)에는 안정되지 않다가 인년(寅年)과 묘년(卯年)에 패한다"라 했고, 또 "진년(辰年)과 사년(巳年)에 인성(仁城)을 얻는다"고 했습니다.

인조 연간에 담화라는 승려가 주장한 참기와 똑같은 내용은 현전하는 『정감록』에는 보이지 않습니다. 그러나 이와 같이 천간을 사용하여 특정한 연도에 어떤 일이 일어날 것인지를 서술하는 방식의 비결은 「무학비결」이 대표적입니다. 따라서 인조 연간에 유행하던 비결서의 서술방식이 후대에 그대로 전승되었다고 보아야 할 것입니다.

권대진의 반란음모와 정씨 진인출현설

인조 6년(1628)에도 진인출현설을 주장한 사람이 있었습니다. 12월에 전 좌랑 윤운구가 "나라가 망하려고 하여 진인(眞人)이 이미 나왔다. 어떤 술서에 '하늘이 사람을 내렸으니, 그 나라는 반드시 멸망할 것이다'라 했다"라고 주장했습니다. 허의(許懿)라는 사람이 천녀(天女)를 만나 이상한 아들을 낳았는데, 그가 바로 임금의 관상이라는 말을 유포했습니다.

인조 9년(1631) 2월 옥천에 사는 권대진이 "호남과 영남에 8대장이 있는데 동시에 군대를 일으켜 대사를 도모하려 한다"고 주장했습니다. 이때 권대진이 자기 집 검은 말이 흰색으로 변했다고 주장하며 "참기(讖記) 가운데 백마장군에 관한 설이 있으니, 이야말로 우리집이 일어날 좋은 징조이다"라고 말했습니다.

특히 그들은 "영남의 정씨(鄭氏) 성을 가진 사람은 생김새가 기이하고 두 어깨에 해와 달의 모양이 있는데, 이 사람을 추대하여 인군(人君)으로 삼을 것이다. 이 사람은 가야산 아래에 사는데 이름은 담(潭)이고, 나이는 임오생(壬午生)이다"라고 말했습니다. 이들은 "나라를 얻은 뒤에는 도읍을 진잠(鎭岑)이나 신도(新都)로 옮길 것이다"라고 말했으며, 계룡산에 내려가 지남철로 택지(擇地)한 뒤 도읍을 정할 계책을 세웠다고 합니다. 또 이들은 정담을 진인(眞人)이라고 불렀으며, "성인이 남쪽에서 일어나게 되어 있다"고 주장했습니다.

이처럼 계룡산에 직접 가서 풍수를 보고 도읍을 정할 계책까지 세웠을 정도로 진지하게 정씨 진인출현설을 믿었던 사람이 있었던 것입니다. 그들은 정씨 진인의 이름과 나이까지 진술했고 생김새도 알고 있다고 주장했습니다. 단순한 반란 사건이 아니라 정씨 진인을 추대하여 임금으로 삼을 계획을 세웠다는 점에서 정부전복을 기도한 역모사건이었습니다.

병자호란이 비결서에 미친 영향

그런데 조선왕조의 근간을 뒤흔드는 역사적 사건이 또 일어났습니다. 인조 14년(1636) 4월 후금(後金)의 태종(太宗)이 황제를 칭하고 국호를 청(淸)이라고 고쳤습니다. 이후 조선이 명나라에 대한 의리를 강조하며 계속 청나라에 도전적이고 강경한 자세를 보이자, 이에 분개한 청 태종이 마침내 그 해 12월에 10만 대군을 직접 거느리고 압록강을 건너 쳐들어왔습니다. 이것이 바로 병자호란(丙子胡亂)입니다.

전국 강산이 다시 유린되는 처참한 상황을 겪을 수밖에 없었고, 피난 갔던 수많은 백성들은 유달리 혹심했던 겨울 추위와 굶주림에 희생되었습니다. 그리고 남한산성에 피신해 있던 왕은 결국 이듬해인 인조 15년(1637) 1월에 청 태종에게 굴욕적인 항례(降禮)를 바쳤습니다.

임진왜란을 겪은 지 불과 40여 년 만에 이번에는 북쪽 오랑캐의 침략으로 민족의 존망마저 위태로운 사태에 처했던 것입니다. 이로써 당시 지배층의 권위는 땅에 떨어졌으며, 국가의 수권능력마저 의심되기에 이르렀던 것입니다.

이러한 전쟁의 공포와 재난의 충격은 민중의 가슴 속에 응어리진 채 남겨졌으며, 새 왕조의 건국에 전제되는 이전 왕조의 멸망과 관련된 예언에 고스란히 녹아들어갔을 것이 분명합니다. 그러나 이러한 심증은 가지만 명확한 증거자료는 찾기가 어렵습니다. 어쨌든 전쟁과 재난에 대한 직접적 암시가 비결서에 기재될 수 있었던 것은 처참한 상황을 직접 겪었던 민중들의 전승이 아니었다면 불가능했을 것이라고 생각합니다.

다만 「도선비결」의 "임진(壬辰)에 섬 오랑캐가 나라를 좀 먹으면 송백(松柏)에 의지하고, 병자(丙子)에 북쪽 오랑캐가 나라 안에 들끓으면 산에도 불리하고 물에도 불리하며 궁궁(弓弓)에 이로울 것이다"는 내용과 「토정가장결」의 "청나라의 운세가 쇠퇴하고 상서로운 구름이 금릉(金陵)에 모여들어"와 "청나라를 돕되 명나라를 도와"라는 부분, 그리고 「피장처」의 "인천 영종도는 곧 복지(福地)이니, 고려 말년부

터 병화(兵火)가 미치지 않았고, 임병(壬丙)의 해에도 이곳만
홀로 편안했다" 등의 구절은 임진왜란과 병자호란을 겪은
후나 청나라의 개국 이후가 아니면 기록될 수 없는 내용들
입니다.

장길산과 『정감록』

미륵 신앙자들의 한양 침공계획과 진인출현설

숙종 14년(1688) 8월 요승(妖僧) 여환(呂還)이 경기도, 강원도, 황해도 일원의 신자들을 규합하여 양주(陽州)에서 추진한 미륵 신앙인들의 한양 침공계획은 진인(眞人)이 나타날 것이라는 믿음을 실천에 옮긴 사건이었습니다.

여환은 "석가의 운수가 다하고 미륵이 이 세상을 주관한다"고 말하고, 스스로를 천불산 선인이라고 일컬었습니다. 이 사건의 핵심인물로는 최영 장군의 영(靈)이라고 자칭하는 정호명(鄭好明, 32세), 여환(呂還, 25세)이라는 승려, 황회(黃會)라는 지사(地師), 여환의 처이며 용녀부인(龍女夫人)으로 불리는 무녀(巫女), 성좌(聖坐)라고 불리던 계화(戒化, 49세)라는 무녀 등이 있었습니다.

여환은 양주에 사는 정씨(鄭氏) 성을 가진 무당 계화(戒化)의 집에 머물면서 자신의 처는 용녀부인이라고 부르고, 계화는 정성인(鄭聖人)이라고 불렀으며, 괴이한 문서를 만들어 인심을 유혹시켰습니다.

이들은 큰비가 내려 한양이 함몰할 때 한양을 일시에 점령한다는 계획을 세웠으나, 기다리던 비가 오지 않아 실패하였습니다.

무당이 주장한 진인출현설

숙종 17년(1691) 11월에는 황해도 재령에서 무업(巫業)에 종사하던 조이달의 아내 애진이 스스로 천기(天機)에 대한 공부가 있다고 일컬으며 "한양(漢陽)은 장차 다하고, 전읍(奠邑)이 일어날 것이다"라고 주장하며 산에 들어가 하늘에 제사했다고 합니다.

그녀는 수양산(首陽山) 의상암(義相菴)에 정필석(鄭弼錫)이라는 생불(生佛)이 있는데, 통제사(統制使) 정익(鄭榏)의 아내가 아들을 낳았는데 일곱 살 때 간 곳을 몰랐으니 바로 그 아이라고 주장했습니다.

무녀가 말한 내용은 『정감록』의 핵심내용입니다. 그녀는 정필석이라는 사람을 비결에 나오는 전읍 즉 정씨라고 주장하며, 천제를 지내는 의례를 행하기도 했던 것입니다.

숙종 대에 나타난 해도기병설

숙종 20년(1694) 4월 폐비(廢妃) 민씨(閔氏) 복위운동을 반대하던 남인(南人)이 화를 입어 실권하고 소론(少論)과 노론(老論)이 재집권하게 된 갑술환국(甲戌換局) 때 이른바 해도기병설(海島起兵說)이 언급되었습니다.

숙종 20년(1694) 4월 한구(韓構)와 임후(任垕)가 "장차 국운(國運)이 끝나가거니와 해도(海島)에 정진인(鄭眞人)이라는 사람이 있는데, 곧 육지로 올라올 것이다"라고 말하며 군장비와 병기를 갖추기 위해 은화(銀貨)를 모은 일이 있었습니다. 이들이 해상진인(海上眞人)을 맞아올 일을 의논했다는 표현도 나옵니다. 이때 임후가 천기(天氣)를 살펴보고 "해도에 진인이 있는 듯하니, 갑을(甲乙)의 해에는 나라 안이 반드시 어지럽게 될 것이다"고 말했던 것입니다.

또 이 사건 관련자의 심문과정에서 이성기(李成夔)가 "민장도(閔章道)가 '국가가 남인(南人)에서 종결된다' 는 설이 비기에서 나왔다고 말했다"는 진술이 있었습니다.

장길산의 스승 운부가 주장한 진인출현설

장길산을 중심으로 한 도적의 활동은 이미 숙종 13년

(1687) 무렵부터 구월산을 중심으로 나타나기 시작했습니다.
이후 장길산은 근거지를 함경북도 서수라(西水羅)와 벽동해
천동(碧潼蟹川洞)으로 옮긴 이후에는 마상(馬商)을 가탁한 기
병 5천 명과 보병 1천 명을 거느리고 전국을 횡행하는 큰 세
력으로 성장하였습니다. 그들은 운산(雲山)의 군기고를 습격
하여 약탈했으며, 숙종 조 내내 활동했지만 끝내 체포되지 않
았습니다.

숙종 23년(1697) 1월 운부(雲浮)를 비롯한 승려 1백여 명이
극적(劇賊) 장길산을 추종하는 무리들과 함께 한양 내의 서류
(庶類)들과 결합하여 정부를 뒤엎으려는 거사를 계획하다가
발각되었습니다.

숙종 23년(1697) 1월 날이 저문 후에 이절(李梲), 유선기(兪選基)
등이 상변(上變)하기를, "어느 날 이영창(李榮昌)이 이절의 집에
와서 자면서 갑자기 묻기를, '그대가 장지(葬地)를 얻으려고 한
다면 우리 스승을 가서 보는 것이 좋을 것이다' 고 하였습니다.
스승이란 중은 바로 운부(雲浮)로서, 당시 나이 70세로 송조(宋
朝)의 명신(名臣)이었던 왕조(汪藻)의 후손인데, 명나라가 망한
뒤 표류하다 우리나라에 도착하였으며, 머리를 깎고 금강산(金
剛山)에 들어갔는데, 그 사람은 위로는 천문(天文)을 통달하고
아래로는 지리(地理)를 통찰하고 중간으로는 인사(人事)를 관

찰하여 재주가 옛날의 공명(孔明)과 유기(劉基)에 밑돌지 않는
다는 자였습니다.

그가 불경(佛經)을 승도(僧徒)들에게 가르쳤는데, 그 중에서 뛰
어난 자로 옥여(玉如), 일여(一如), 묘정(卯定), 대성(大聖), 법주
(法主) 등 1백여 인을 얻어 그 술업(術業)을 전수(傳受)시키면서
팔도(八道)의 중들과 체결(締結)하였습니다. 그리고 또 장길산
(張吉山)의 무리들과 결탁하고, 또 이른바 진인(眞人) 정(鄭)·
최(崔) 두 사람을 얻어 먼저 우리나라를 평정하여 정성(鄭姓)을
왕으로 세운 뒤에 중국을 공격하여 최성(崔姓)을 왕으로 세우겠
다고 하였습니다.……

이익화가 운부(雲浮) 및 이른바 진인(眞人)의 사주를 물으니, 이
영창이 말하기를, "운부는 정묘생(丁卯生)이고, 이른바 진인은
기사년(己巳年) 무진월(戊辰月) 기사일(己巳日) 무진시(戊辰時)
에 태어났다" 하니, 이익화가 말하기를, "비기에 이르기를, 중
국 장수인 묘생(卯生)의 사람이 중국에서 와서 팔방(八方)을 밟
고서 일어난다고 하였는데, 바로 운부를 가리켜서 말한 것이다"
고 하였습니다. 또 말하기를, "기사년 무진월 기사일 무진시에
태어났다면, 바로 뱀이 변하여 용(龍)이 되는 격이다. 숭정황제
(崇禎皇帝)의 사주에는 뱀이 변하여 용이 되는 격이 하나였으나
천자(天子)가 되었는데, 이 사람의 경우는 그런 격이 둘이나 있
으니 참으로 매우 기쁘고 다행스럽다"고 하였으며, 또 말하기

를, "비기에 이르기를, '진년(辰年)과 사년(巳年)에는 성인(聖人)이 나오고, 오년(午年)과 미년(未年)에는 즐거움이 대단하다'고 하였는데, 이것도 이 진인을 가리켜서 말한 것이다"고 하였습니다.

이영창이 말하기를, "이른바 진인은 세 번 변화하는데, 지금은 고성(高城)의 진재(鎭材)인 용장(勇將) 정학(鄭涸)의 집에 있으며, 더러는 운부가 머물고 있는 옥정암(玉晶菴)에 있기도 한다. 그런데 운부가 정학 및 그의 아우 정신(鄭愼), 그리고 최헌경(崔憲卿), 유찬(柳鑽), 설유징(薛有澄) 등을 시켜 서로 번갈아 가면서 호위(護衛)하게 한다.……3월 21일 군사를 일으켜 대궐을 침범하는 입장에 있는데,……운부가 중 한 명을 보내어 진인(眞人)이 멀지 않아 보개산(寶盖山)에 당도할 터이니……"『숙종실록』숙종 23년(1697) 1월 10일.

인용분은 운부라는 승려가 제자와 장길산 무리들과 함께 정씨와 최씨 두 진인을 도와 반란을 도모한다는 내용입니다. 정씨는 우리나라 왕으로 등극하고, 최씨는 중국의 왕으로 등극시키려는 계획을 세웠다는 주장으로 정씨 진인출현설이 더욱 확대되었음을 알 수 있습니다. 운부와 진인의 사주까지 알려지고, 특히 진인을 번갈아 호위하는 사람들이 있으며, 진인의 이동경로까지 자세히 언급될 정도로 구체적인 상황이 알려지고 있습니다.

그런데 이 사건 관련자들의 대화에 등장하는 비기에 나온다는 내용이 현전하는 『정감록』에 거의 비슷한 형태로 나타납니다.

「삼한산림비기」에 "한강 물이 사흘간 붉은 빛이 나면, 묘년(卯年)에 태어난 당(唐)나라 장수가 10만 군사를 거느리고 압록강에 근 10년을 머무를 것이다"라는 내용과 "오미년(午未年)에 즐거움이 크리라(午未樂堂堂)"라는 구절이 있습니다. 그리고 「무학비결」에 "진사(辰巳)에 성인이 나오니, 오미(午未)에 즐거움이 대단하리라"는 구절이 보입니다.

따라서 『정감록』에 나오는 이 구절들의 전거가 숙종 23년에 발생한 운부의 반역음모사건이라는 점을 확인할 수 있습니다. 숙종 대에 알려졌던 비기의 전체적인 내용이 어떠했는지는 알려지지 않았지만, 일부는 전해지고 있습니다. 그리고 그 일부는 현재 우리가 볼 수 있는 『정감록』에 실려 있는 것입니다.

숙종 23년(1697) 2월에 국청(鞫廳)에서 죄인 이영창(李榮昌)을 다시 추문(推問)하자, "……이형징이 인해서 해상(海上)의 정씨(鄭氏) 성을 가진 자, 옥여(玉如)·정학(鄭澖)·최헌경(崔憲卿) 등 및 삼광사한(三廣四漢)이란 말을 지어내고, 또 신건(申鍵)의은(銀)과 인삼에 대한 말과, 장길산(張吉山)과 관계를 맺은 상황과 여인이 소를 탄 상황을 지어내어, 그것으로 이 절의 무리를 속이고 미혹되게 하였으며,…… 『숙종실록보궐정오』 숙종 23년(1697) 2월 16일.

한편 이들이 거사계획에 밝힌 정진인(鄭眞人)과 관련하여 특이한 진술이 보입니다. 조선을 평정할 때 정진인을 정몽주의 13대 후손 가운데 택하고, 중원을 석권할 때에는 최영 장군의 후예를 황제로 옹립한다는 계획을 세웠다는 것입니다. 정몽주와 최영은 모두 고려왕조가 망할 때 마지막에 희생된 인물입니다. 망해가는 고려왕조에 대한 충성과 의리를 지켰던 인물들에 대한 민중들의 안타까운 존경심에 대한 보상으로 이러한 주장이 제기된 것으로 보입니다.

진인은 조선 후기 민중들이 갈망하는 평등한 사회를 실현시켜주는 해방자이며 민중의 우상이었습니다. 그는 언제나 바다의 섬에서 민중을

『결의』
표제는 결의, 내제는 반계유록. 총 11쪽. 필사본. 뒤쪽에 옹정 4년(영조 3년)이라고 적혀 있다.

봉건적 억압에서 해방시켜 주기 위하여 오고 있다고 믿어졌으며, 따라서 그가 살고 있다고 믿어진 섬은 이상향으로 상정되었습니다.

그런데 나중에 이영창은 운부라는 중은 자신이 지어낸 이름이라고 애초의 진술을 번복하였고, 이형징(李衡徵)이 사건 관련자들의 이름을 지어내었다고 자백했습니다.

영조 시기의 비결

영조 집권 초기의 당쟁

경종(景宗) 원년(1721) 왕이 즉위하자, 이듬해에 노론(老論)은 왕위를 계승할 세제(世弟)를 책봉할 것을 주장하였습니다. 그리하여 연잉군(延礽君, 훗날의 영조)을 세제로 정하였습니다. 또 노론은 몇 달 후에는 연잉군에게 왕권을 대행시키는 대리청정(代理聽政)을 하도록 정국을 주도하였습니다. 그러나 대리청정은 소론(少論)의 극렬한 반대로 취소되고 말았습니다. 소론은 그 해 12월에 노론의 횡포를 공격하여 일부 인사들을 숙청하고 정권을 장악하였습니다.

이듬해 3월에 목호룡(睦虎龍)이란 인물이 노론 명문가 자제들의 역모사건을 고발하여 살육을 동반한 신임사화(辛壬士

禍)라는 대대적인 옥사(獄事)가 일어났습니다. 이때 왕권을 위태롭게 했다는 죄목으로 김창집, 이이명, 이건명, 조태채 등을 포함하여 무려 60여 명의 노론계 인사들이 처형되거나 숙청되었습니다. 이로써 노론은 소론에 대하여 극도의 원한을 품게 되었습니다. 이 신임사화는 노론이 너무 성급하게 영조(英祖)의 왕위계승권을 확보하려는 과정에서 무리수를 범하여 일어난 사건이었습니다.

어쨌든 소론은 경종 연간에 왕위계승을 둘러싼 노론과의 대립에서 일단 승리하였습니다. 그러나 경종 4년(1724) 8월 경종이 갑자기 서거하고, 노론이 지지한 영조가 왕위에 즉위하였습니다. 영조의 후원세력이었던 노론이 득세하자 신임사화는 소론들이 꾸며낸 자작극이라고 번복되었습니다. 즉 노론 자제들의 모의는 역모가 아니라 충정에서 우러나온 것이었다고 규정되었던 것입니다. 따라서 소론들은 정권에서 실각하게 되었으며, 신임사화를 준엄하게 처리하자고 주장했던 소론의 급진파들은 큰 위협을 느꼈습니다.

이에 박필현, 이유익, 심유현 등 소론의 일부 과격파들은 당시 권력에서 소외되어 있던 소수의 남인과 소북 인사들을 규합하여 영조의 세제 책봉 자체의 부당성, 경종의 사인에 대한 의혹, 영조가 숙종의 아들이 아니며 경종의 죽음에 관계되었음 등 여러 가지 유언비어를 유포하였습니다.

결국 이들은 영조와 노론 정권을 타도하고자 인조의 장자 소현세자의 증손인 밀풍군(密豐君) 탄(坦, ?~1729)을 새로운 왕으로 추대하고자 모의하고 반란을 일으켰습니다. 이들의 거병에는 유민(流民)의 증가, 도적의 치성, 민중의 저항적 분위기 고조 등 당시 어려웠던 사회상이 반영되었습니다.

영조 때의 변산 도적들과 '정도령'

영조 3년(1727) 10월에 부안과 변산에 도적떼가 번성하고 있다는 보고가 있었습니다. 또 변산과 월출산의 도적떼의 세력이 날로 커지고 있다는 급보도 전해졌습니다. 급기야 변산 도적에 관한 소문이 나돌아 서울의 민심이 뒤숭숭해졌고, 피난 가는 사람도 있었습니다. 당시 서울에는 유언비어가 점차 퍼졌고, 집채 같은 바위가 한밤중에 굴러가고 남산의 소나무 수백 그루가 뿌리째 뽑혀 널려 있는 등 사회적 분위기가 뒤숭숭했습니다.

영조 3년 12월에는 전주 장시에 괘서(掛書)가 붙었고, 나흘 후에는 남원에 괘서가 붙었으며, 동시에 여산(礪山) 등에서는 변산의 노비도적이 곧 거사한다고 산에 올라가 밤에 소리치는 등의 일로 인해 와언(訛言)이 날로 번지고 인심이 흉흉해져서 피난하는 사람들이 생겼을 정도였습니다.

영조 4년 정월에는 서울 서소문(西小門)에 괘서사건이 있었으며, 2월에는 종로에도 괘서사건이 발생하여 영조가 현상금을 걸고 범인을 색출할 것을 명했습니다.

마침내 이들 변산 노비도적이 중심이 되어 변란이 일어났습니다. 영조 4년(1728) 3월 어영 기찰장교가 의심스런 사람인 이징관(李徵觀) 및 아노(兒奴) 귀금(貴金)을 성밖에서 잡아 대궐로 올려 보냈습니다. 이들을 국문하여 한 차례 형신(刑訊)했으나, 불복하였습니다.

귀금을 문초하니, "상전(上典)은 직산(稷山)에 사는데 전립(氈笠)을 쓰고 환도(環刀)를 차고 적당(賊黨)에 들어가고자 하였습니다. 적은 변산(邊山) 정도령(鄭都令)과 갈원(葛院) 권진사(權進士) 등으로서 장군(壯軍)을 모집하여 군복(軍服)을 만들었으며, 박창급(朴昌伋)은 그 일족이 매우 많은데 모두 적중에 들었습니다. 이번 15일에 경성을 포위하고자 하여 이른바 정도령이 구만 리 권생원(權生員) 집에 와 상의하였는데, 능히 둔갑(遁甲), 부작(符作) 등을 잘한다고 합니다"라고 진술하였습니다.

이 진술을 통해 당시 변산의 도적을 이끄는 인물이 '정도령'으로 불렸음을 알 수 있습니다. 그는 둔갑술을 부릴 줄 알았고, 부작을 사용했던 이인으로 알려졌습니다. 민중들이 바랐던 구원자의 능력을 갖춘 인물이 '정도령'으로 불리고 그를 따르는 무리들이 실제로 군사적 행동을 준비하고 있다는 소문이 퍼져나갔던 것입니다.

영조 4년(1728) 5월 호서안무사(湖西安撫使) 김재로(金在魯)가
장계(狀啓)하기를, "역적 민백효(閔百孝)의 종……성적(成績)이
또 공초하기를, '……당초 속오군(束伍軍) 등이 성안에 부진(赴
陣)할 때에 민원보(閔元普)가 술과 안주를 많이 장만하여 길가
에 앉아 술을 따라 권하니, 군인이 말하기를, 너희들이 형세를
보아 정도령 편에 들어가야 살 수 있을 것이다' 하였습니다. 청
주의 적병이 이곳에 와서 모이기로 약속하였으므로 민원보 등
이 밤낮으로 정제하고 기다렸습니다.……"라 했다. 『영조실록』
영조 4년(1728) 5월 10일.

위의 인용문에서도 당시 정도령이 출현할 것이라는 믿음
이 반란사건의 주동자들 사이에 만연했다는 사실을 짐작할
수 있습니다.

영조 초기의 술법서

그 후 영조 4년(1728) 4월 임금이 인정문(仁政門)에 나아가
서 친히 송하(宋賀)를 국문하였습니다. 송하가 "이른바 요술
(妖術)이라는 것은 12세 때 황산사(黃山寺)의 중으로 이름을
문학(文學)이라 하는 자가 신에게 '병자년 너의 나라에서 설

치(雪恥)할 수 없었기 때문에 이 책을 주는 것이다’ 했는데, 『단서(丹書)』 1권, 『소서(素書)』 상·하권, 『옥장현기(玉帳玄機)』 3권으로 당판(唐板)으로 인쇄된 책이었습니다. 신이 이것을 황산사의 탑(榻)에 보관해 두었었는데,…… 이름을 처상(處相)이라 하는 중에게 전해 주었습니다.……”라고 진술하였습니다.

영조 4년(1728) 4월 송하를 한 차례 형문하니, 송하가 공초하기를, “이른바 요술(妖術)이라는 것은 곧 현포비결(玄圃祕訣)로서, 처음에 성규헌(成揆憲)에게서 얻어 보았습니다. 그 술법이 한 손에서 칼을 들고 또 한 손에는 대추나무와 화부(畫符)를 잡고 하는 것으로 이것이 바로 장생(長生)하는 선술(仙術)이라고 했습니다만, 시험해 보아도 효과가 없었습니다”라 했습니다.

색깔과 동물을 이용한 간지(干支) 표현법

영조 4년(1728) 5월 박미구(朴美龜)가 “네가 심유현(沈維賢)에게 ‘무신년은 소복(素服)의 해이다’ 하지 않았는가? 하였다. 대개 무신년은 황후(黃猴)의 해이므로 비기(祕記)에 ‘백의서생(白衣書生)이 조정에 찰 것이다’ 하였기 때문이다”라고 진술했습니다.

죄인의 심문과정에 나타난 황후(黃猴)는 육십갑자 가운데 무신년(戊申年)을 가리킵니다. 이처럼 빛깔과 동물을 결합시켜 특정한 해의 간지를 나타내는 방법은 이후 「서계이선생가장결」 등의 비결서에 자주 등장하는 표현법입니다. 적어도 영조 초기에는 이러한 방법으로 특정 해의 간지를 표기하는 방법이 비결서에 등장했었음을 확인할 수 있습니다.

이인좌 · 정희량의 반란 사건과 정도령 출현설

이인좌(李麟佐)가 영조 4년(1728) 3월 15일에 청주성을 함락하고 경종(景宗)의 원수를 갚는다고 선전하면서 서울로 북상하였으나, 3월 24일에 안성과 죽산에서 관군에 의해 격파당했습니다. 이때 청주성에 남아 있던 세력도 창의군에 의해 토벌되었습니다.

그 후 영남에서는 정희량(鄭希亮)이 거병하여 안음, 거창, 합천, 함양 등을 점령했지만, 경상도관찰사가 이끄는 관군에 의해 4월 2일에 궤멸되었습니다. 호남에서는 박필현(朴弼顯) 등의 가담자들이 거병 전에 체포되어 처형당했습니다.

불과 17일 만에 남북의 반군이 모두 토벌되었는데, 이는 반군의 진용이 처음에 계획된 변산반도의 노비도적 세력이 중심이 되지 못하고, 소론인 이인좌 등 양반군이 변란의 주도권을 행사했기 때문입니다.

이 사건이 발생한 해의 간지를 따서 흔히 '무신란(戊申亂)'

이라고 부릅니다. 이때 변산(邊山)에 웅거하던 노비도적도 난의 중심세력이었습니다. 이들 세력을 이끌던 정팔룡(鄭八龍)은 '정도령(鄭都令)'으로 불렸으며, 이른바 '청룡대장(靑龍大將)' 12명 가운데 제1장으로 출병하였습니다. 제2장이 박필현(朴弼顯)이며, 제6장은 정세윤(鄭世胤)이었습니다. 반란을 일으키기 전에 이인좌가 정세윤과 모의했을 때도 괴수는 정씨 성을 가진 사람이라고 주장했습니다.

정팔룡이라는 이름은 선조 때 일어났던 정여립 사건에서도 언급되었습니다. 당시 정팔룡이 우두머리로 지목되었고, 정여립의 다른 이름이라는 진술도 있었습니다. 그럼에도 불구하고 당시 조정에서는 정팔룡이라는 인물이 따로 있는지를 조사했지만 결국 찾을 수 없어서 사건을 종결시켰습니다. 정여립 사건 이후 140여 년이 흐른 다음에도 정팔룡이라는 이름이 진인출현설과 관련되어 인구에 회자되고 있었던 것입니다.

한편 이들이 반란에 동원했던 병력은 대부분 자신들의 집에서 부리고 있던 하인과 노비 소작농들이거나, 전라도 부안과 경기도 양성 등지의 산악에 소굴을 가지고 있던 명화적 무리인 녹림당(綠林黨)패들이었습니다. 이 가운데 경기도 양성의 녹림당은 훗날 반군의 부원수로 추대되었던 정세윤(鄭世胤)이 지휘하고 있었습니다. 당시 녹림당의 무리들은 '정도령 출현설'을 믿고 있었는데, 정세윤은 자신의 성이 정씨였으므로 은근히 자신을 정도령인 것처럼 암시하였다고 합니다. 변산의 노비도적들도 이 사건에 연루되어 조사받았는데, 군사를 양성한 지 20여 년이나 된다고 진술했습니다.

이 사건 관련자였던 강위징(姜渭徵)의 공술에 다음과 같은 내용이 보입니다.

김수형은 생원 김시견이라고도 부릅니다. 이른바 정팔룡이라는 자는 (김)수형의 집에서 양육되었습니다. (김)수형은 스스로 큰 부자라고 하니 사실이지 않습니까? 소위 정팔룡을 국청에서는 어째서 체포하지 못하십니까? (정)팔룡은 본래 (김)수형의 집에서 자란 사람인데, 변산의 청림사에 왕래했습니다. 청림병(靑林兵)이라고 일컫는 것이 바로 이것입니다. 나이는 34세이며 신장은 중키가 조금 안 되며, 얼굴은 철색이며, 수염은 성글고 자줏빛에 가까우며, 이현(李玹)과 생김새가 흡사합니다. 항상 남소동 방마장에서 은밀히 접선했는데, 남산에서 내려와 좌측으로 세 번째 집에 있는 여염집 백성의 딸을 첩으로 삼고 살았던 적도 있습니다. 만약 (정팔룡이) 이곳에 있지 않으면 동작진 월변 안 위쪽에 있을 것인데, 처음에 이생원의 집이 있었던 곳이기 때문입니다. 혹은 용인 어비곡에 있을 것인데, 작년에 첩을 데리고 용인 어비곡에 올라왔습니다. 이번에 이현과 박계용과 함

께 올라올 때, (박)계용과 (이)현이 동작진 근처에 있는 이생원
의 집을 가르쳐 주었습니다. 정팔용과 팔웅은 본래 운봉에서 살
았는데, 지난해에 용인 어비곡으로 이사왔으며, 4월 17일, 18일
무렵에는 제가 어의동에 있는 이현의 집에서 만나보았습니다.
『무신역옥추안』 제8책, 무신년 7월 10일.

이처럼 정팔용이 실제인물이었다고 진술한 내용이 있는
것으로 볼 때, 이인좌의 난에 관련된 사람들 사이에서는 그
의 존재가 당연시되었고 그가 진인이라는 믿음이 난의 발생
과 전개과정에서 중요한 추진력으로 작용했던 것이 분명합
니다.

영조 대의 또 다른 정씨 진인출현설

영조 5년(1729) 4월에도 영남과 호남 사이에서 정도령을
칭하며 민심을 선동하는 사람이 체포되어 처벌되기도 했습
니다.

영조 9년(1733) 4월에 남원의 절에 흉측한 글을 돌부처에
붙여 놓은 사건이 일어났습니다. 그 글의 끝부분에 충청도
와 경상도의 군사가 몇 만이며 이제 날짜를 정해서 거사할
것이며 '영남 호서 대원수 정회충(鄭懷忠)'이라고 썼다고 전
합니다.

남원 괘서사건에 등장한 남사고의 비결

그런데 영조 9년(1733) 8월에는 적어도 현재 우리가 『정감록』이라고 믿고 있는 「남사고비결」이 널리 유포되고 있었음을 알 수 있는 기록이 있습니다.

영조 9년(1733) 8월 전라도에서 김원팔(金元八)과 김영건(金永建) 등이 남원 읍성에 괘서(掛書)를 걸었다가 적발된 '남원사건'을 수사하는 과정에서 「남사고비결」「요람(要覽)」 등의 비결서가 존재한다는 사실이 드러났습니다.

김원팔이 가지고 있던 책자에는 역대 제왕들과 조선왕조의 역대 임금들의 이름이 씌어 있었으며, 하단에는 숙종의 비빈들인 김씨, 민씨, 장씨에 대해서 적혀 있었다고 합니다.

「남사고비결」은 부안군 변산에 있는 월출암(月出庵)의 승려 태진(太眞)이 소장하고 있었는데, 영조 5년(1729)에 우연히 남원사건의 관련자 김원팔의 식객(食客)이었던 최봉희(崔鳳禧)와 윤징상(尹徵商) 등이 이를 베꼈고 수변 인물들과 돌려보았다고 진술했습니다. 이들의 진술에 의하면 「남사고비결」은 편년체로 나라의 운세를 차례로 기록하는 형식이었다고 전합니다. 이때 최운룡의 아들이 "북도에서 어떤 소가 기린을 낳았으니 성인이 장차 나올 것이라"고 말했다고 합니다.

한편 「요람」은 남원사건의 중심인물이었던 김원팔이 조작했다는 예언서입니다. 김원팔은 양반의 서얼인 이서방(李書

房)이라는 사람에게 이른바 「요람」의 대부분을 쓰게 한 다음, 끝부분에 자기가 직접 기술했다고 진술했습니다. 이 문서는 영조 3년(1727) 무렵에 남원사건의 연루자인 최봉희가 소장하고 있었던 어떤 문서에 기인한 것이었습니다.

최봉희는 "(그 문서는) 김일경(1662~1724)이 지은 것입니다. 그 글의 머리에 '황력만년(皇曆萬年)'이라는 말로 사연을 꾸몄는데, 이는 원래 저희 집에 있던 글입니다. 김원팔이 베낀 것은 바로 무신년에 괘방(掛榜)한 글이었습니다"라고 진술했습니다. 이는 김원팔이 영조 4년(1728) 무신란 때의 괘서를 바탕으로 삼아 「요람」을 지었다는 내용입니다.

남원사건의 괘서의 내용에 대해 "흉서(兇書)의 말이 몹시 흉참(兇僭)하여 무함(誣陷)이 상궁(上躬, 국왕인 영조)과 동조(東朝, 동궁인 사도세자)에 미쳤습니다. 한결같이 무신년의 흉서와 같았습니다"라고 언급되는 것으로 볼 때, 「요람」은 영조와 동궁을 저주하는 내용임을 짐작할 수 있습니다.

결국 최소한 영조 9년(1733) 무렵에는 당시의 왕조를 비판하는 세력들에 의해 이상적인 군주가 가까운 장래에 출현할 것이라는 예언이 널리 퍼져가고 있었음을 확인할 수 있습니다.

남사고의 비결에는 영조 4년(1728) 당시 정권에서 소외되어 있던 소론과 남인 출신 인사들이 충청도, 전라도, 경상도에서 일으켰던 대규모의 반역 사건인 무신란(戊申亂)에 대해 "피가 흘러 내를 이루고, 길이 막히고, 민호(民戶)에 연기가 끊긴다"라고 기록되어 있었다고 합니다. 이 비결은 윤징상이 진안 팔공산에 갔다가 변산 월출암에 있는 중 태진을 만나 얻어가지고 온 것입니다.

태진은 4년 전인 영조 5년(1729)에 오서산에 가서 자명(自明)이라는 도승을 만나서 남사고의 참서를 받았다고 진술했습니다. 그런데 위의 두 기록에서 '남사고 비결' '남사고 참서' 등으로 표현되는 것으로 볼 때 책자 형식의 비결서 제목이 아니라, 단지 '남사고가 말한 비결 또는 참서' 라는 뜻으로 사용된 것으로 보입니다.

> 태진이 공초하기를,……"비기 가운데 구어(句語)로는 다만 백저안답(白猪按答)에 '봉목장군(蜂目將軍)', '승입병도(僧入丙都)', '노색연절(路塞煙絶)' 등의 글귀만 기억이 나고 그 나머지는 기억할 수가 없습니다"라 하였는데, 한차례 형문(刑問)을 받았다.……『영조실록』 영조 9년(1733) 8월 18일.

「오백론사」에 "봉목장군이 군사를 이끌고 서쪽에서 일어난다"라는 구절이 있고,「감결」에 "인적이 영영 끊어지고"라는 표현이 보입니다.

특히 이들이 주장하는 남사고의 비결에는 "이런 말세를 당해서는 백성이 보존될 수 있는 곳은 산림(山林)이다"라는 내용이 있어서 피난처에 대한 사상이 엿보입니다.

이 남원사건을 논의하는 과정에서 국왕 영조가 측근의 신하들에게 이 책의 저자로 알려진 남사고가 어떤 사람인지를 물었습니다.

이에 대해 약방(藥房) 제조(提調) 윤순(尹淳, 1680~1741)과 도제조(都提調) 서명균(徐命均, 1680~1745)이 다음과 같이 답했습니다.

> ……임금이 말하기를……"남사고(南師古)라고 하는 사람은 어떤 사람인가?"라고 물으니, 윤순((尹淳)이 "성종 때의 사람인데, 천문과 지리에 능통함으로써 고금(古今)을 통하여 이름이 높았으므로 이인(異人)이라고 칭하였습니다"라고 대답하였다. 도제조 서명균은 "남사고(南師古)의 비기(秘記)가 세상에 전해지고 있는데, 세상 사람들이 제멋대로 더 부연하고 맞추어 그릇되게 전하는 것이 많습니다"라고 답하였다. 『영조실록』 영조 9년(1733) 8월 26일.
>
> ……(윤)순이 "대개 호남지방에서 신비한 중 의상과 도선이 나왔기 때문에 남쪽지방에 그의 방술서가 많이 전해지고 있으며, 혹은 풍수설로, 혹은 운수를 보는 책으로, 혹은 관상을 보는 책

으로……전해지고 있습니다.……"라고 대답하였다. 임금이 말하기를 "먼저 왕조에 도선이 있었고, 우리나라에는 무학이 있어서 나라의 운수가 길고 짧은 설이 있었다.……"라고 말하였다. (서)명균이 "……그 비기에 고려는 500년 동안, 조선은 800년간 갈 것이라는 말이 있습니다"라고 대답하였다.…… 『영조실록』 영조 9년(1733) 8월 26일.

위의 기록을 살펴볼 때 최소한 서명균 등은 남원사건이 일어나기 전부터 남사고의 비기가 민간에 유포되고 있다는 사실을 알고 있었지만, 그것이 명종 대의 남사고가 직접 지은 저작으로는 생각하지 않았음을 알 수 있습니다.

그런데 남사고가 "역리(易理)에 능통하여 천문, 지리, 점술에 밝아 말한 일이 모두 기이하게 맞았다"는 허균(許筠, 1569~1618)의 기록이 전하는 것으로 볼 때, 그의 신이함은 사후에 널리 알려진 이야기였음을 알 수 있습니다. 이러한 전언에 힘입어 영조 연간에 오면 남사고가 직접 비결서를 지었다는 이야기로 비화되었을 것입니다.

『정감록』의 등장

『비변사등록』에 보이는 『정감록』

지금까지 학계에서는 『정감록』이 『조선왕조실록』에 처음으로 언급된 것은 정조 6년(1782) 음력 12월의 일이라고 알려져 있습니다. 그러나 이보다 43년이 앞선 영조 15년(1739) 5월 15일 평안도 삼등현에서 발생한 국경을 넘은 죄인에 대한 기록과 관련한 『비변사등록(備邊司謄錄)』에 『정감록』이라는 용어가 처음으로 등장합니다.

영조 15년 6월 9일에 임금이 포장(捕將) 구성임(具聖任)에게 이빈(李濱)을 추핵하는 일을 물었더니, 구성임이 "철옹성(鐵甕城)에서 달아난 백성이 둔치고 모여 있다는 말은 예전부터 있습니다. 이빈이 이에 앞서 세 번 왕래하였다고 하면서

끝내 가리켜 보이지 않고, 이제
는 또 찾을 수 없다고 말하니,
그 말이 매우 간사합니다"라 하
니 임금이 엄히 구문(究問)하라
고 명하였습니다.

여기서 철옹성은 함경도 영
흥대도호부에 있던 토성입니
다. 당시 철옹성 이북은 피인(彼
人)으로 불리던 여진족(女眞族)
이 장악하고 있었습니다.

『감결』
저자 · 간지 · 간자 · 간년 미상. 1책(14장)

6월 13일에는 이 사건을 해
결하기 위해 여진족에 사신을 보내는 문제에 대해 조정에서
의논했는데, 이때 형조판서는 국경을 범한 이빈 등 18명의
죄인을 효시할 것을 건의했습니다.

이제 『비변사능록』에 나오는 『정감록』 관련기록을 살펴보
도록 하겠습니다. 영조 15년(1739) 6월 15일의 이 기록이 바
로 관찬사서에 처음으로 『정감록』이 언급되는 기록입니다.

우의정 송인명이 아뢰기를 "한두삼의 일은 신은 처음부터 이와
같이 될 것으로 알았습니다. 이빈은 신의 생각으로는 허황하다
고 여깁니다. 신은 처음에는 한두삼은 형조로 넘겨서 법에 비추

어 죄를 심리하여 처단하고, 이빈은 함경감영으로 내려보내서
『정감록(鄭鑑錄)』의 일은 도신(道臣)으로 하여금 엄히 조사하게
하고 조사가 끝난 뒤에는 길가에 효시(梟示)하여 서북 변방 백
성의 생각을 사죄하는 것을 품청하려 했습니다. (그런데) 빈청
에 들어온 뒤 여러 당상관의 말을 들어보니, 더러는 그가 순전
히 허황하지는 않다고 여기고 오히려 의심하고 염려하는 뜻이
없지 않았습니다. 그렇다면 경솔하게 먼저 처치할 수는 없습니
다.……또 함경도에는 몇 년 전부터 요망스런 낭설이 크게 유행
하여 변방 백성들을 선동하고 있는데, 이는 작은 걱정이 아닙니
다. 『정감록』의 일은 끝까지 조사하지 않을 수 없겠고……『비
변사등록』 제 105책.

함경도에 살던 몇몇 사람들이 국경을 넘어 백두산 아래에
있다는 마을에 갔다가 돌아와 이상향이라고 선전했던 사건
으로 보입니다. 이들이 당시 조정의 통제를 벗어나 새로운 세
상을 동경하는 모의를 하던 과정에서 『정감록』이라는 책자
가 언급되었던 것입니다. 그런데 조정의 대신들 가운데도 이
들의 이야기에 솔깃해하는 사람이 있었을 정도였다고 합니
다. 결국 조정에서는 함경도 백성들 사이에 유포되는 '요망
스런 낭설'의 실체가 바로 『정감록』이라고 지목했던 것입니
다. 더 이상의 자세한 설명이 없어서 당시의 정황을 알 길은

없지만, 최소한 함경도 지역에서 처음으로 『정감록』이 알려졌다는 사실이 확인되었고, 일부 대신들까지도 관심을 기울일 정도로 '요망스런 낭설'이 널리 파급되었음을 알 수 있습니다.

『정감록』이외에도 비결서로 추정되는 『역년』이라는 책도 함께 유행했습니다. 어쨌든 당시에 함경도 지역에서 『정감록』과 『역년』이라는 비결서가 널리 유포되어 심각한 상황에 있었다고 판단한 비변사에서 비밀리에 조사했다는 사실이 확인되었습니다.

결국 그 해 7월 29일에 이빈 등 사건 관련자 18명은 함경도로 보내져 모두 효시되었습니다. 변방에서 조정에까지 압송되어 수개월 동안 조사받았으며, 더군다나 사건 관련자들이 모두 처형되었다는 사실을 보면, 단순히 유언비어를 유포한 죄로 처벌되었던 것은 아니었다고 짐작됩니다. 적어도 정부의 근간을 흔들 정도의 역모와 관련된 사건이 아니었을까 추정해 볼 따름입니다. 어쨌든 『정감록』이 처음으로 세상에 드러난 중요한 사건이었습니다.

『정감록』에 대한 영조의 인식

한편 『비변사등록』에 『정감록』이라는 책이름이 언급된 지 두 달이 지나 『조선왕조실록』에도 "정감이 참위한 글"이라는 용어가 나오는데, 그 내용은 다음과 같습니다.

(왕이) 함경감사에게 하유(下諭)하여 이재형(李載亨) 부자(父子)를 찾아보고 임금의 뜻을 알리게 하였다. 이재형은 경성(鏡城) 사람인데, 뜻을 두터이 하고 학문에 힘쓰며 글이 바르고 맑아서 이름이 서울에까지 알려졌다.……이때 서북 변방의 사람들이 정감(鄭鑑)이 참위(讖緯)한 글을 파다하게 서로 전하였다. 그래서 조정의 신하들이 (그 책을) 불살라 금하기를 청하고, 또 소문의 뿌리를 캐내고자 아뢰었다. 그러나 임금은 '그것이 어찌 진시황(秦始皇)이 서적의 소유를 금지한 것과 다르겠는가? 바른 기운이 충실하면 나쁜 기운은 저절로 사라질 것이다. 바른 기운을 북돋우려면 학문이 아니고서 어찌 하겠는가? 라고 말하였다. 이어서 (임금은) 수백 마디 말로 훈시하여 북백(北伯, 함경감사)을 시켜 이재형 부자를 찾아보고 (그들에게) 벼슬을 주어 부르는 뜻을 알리게 하였다.『영조실록』영조 15(1739)년 8월 6일.

인용문에서 주목되는 사실은 영조 15년(1739) 8월 무렵에 평안도와 함경도 지방에 이른바 "정감(鄭鑑)이라는 인물이 만든 참위서(讖緯書)"가 유행하고 있어서 조정에까지 알려졌고 심각한 문제로 제기되었다는 점입니다. 무엇보다도 '서(書)'라고 분명히 표현되고 있다는 점에서 단순히 비결이나 참언이 아니라는 점을 알 수 있습니다. 바로 이 책을 정감록(鄭鑑錄)이라고 불렀던 것입니다.

이처럼 왕조의 운명을 적은 비결서의 상당수는 현실 정치에 불만을 가졌던 세력들에 의해 조작 또는 유포되었음이 틀림없습니다. 이와 관련하여 이능화는 "『정감록』은 나라를 원망하고 뜻을 잃은 무리(怨國失志)의 손에서 나온 것을 알 수 있다. 그러므로 당쟁에서 실패한 사람들과 애써 관직을 구하던 선비들이 조선왕조를 전복시키고자 할 때면 반드시 『정감록』의 예언에 의지하게 되었던 것이다"라고 주장하였습니다.

한편 광해군 8년(1616)에 형조정랑(刑曹正郞)이었던 정감(鄭鑑)이라는 실존인물에 대한 언급이 있다는 사실을 들어, 『정감록』이 세상에 유행하던 때였다면 그 책의 저자로 이야기되는 정감과 똑같은 이름을 사용하면서 관리 노릇을 할 수는 없었을 것이므로, 적어도 광해군 시기에는 『정감록』이 출현하지 않았을 것으로 보는 연구도 있습니다.

그러나 이러한 주장은 일단 『정감록』을 정감이라는 인물이 지었다는 추정이 전제된 다음에야 가능한 것이라고 생각됩니다. 어디까지나 정감은 가상의 인물일 따름입니다. 『정감록』의 출현 시기를 논하는 바른 방법은 『정감록』에 있는 내용과 동일하거나 비슷한 내용이 언제쯤 사서나 개인의 저작에 나타나는가를 살펴보고, 실제로 『정감록』이라는 책이름이 언제쯤 등장하는지를 알아보는 일일 것입니다.

청주 괘서사건에 등장한 「도선비기」

영조 24년(1748) 4월 충청도 청주(淸州)와 문의(文義)에서 적발된 괘서사건의 관련자인 오명후(吳命厚)가 소장했던 어떤 점서(占書)의 말미에 부록으로 「도선비기(道詵秘記)」가 실려 있었음이 적발되었습니다.

고려왕조의 성립, 융성, 멸망과 조선왕조에 의한 세력 교체가 주된 내용을 이루었던 기왕에 알려진 「도선비기」와 달리 이 「도선비기」에는 조선의 멸망이 중점적으로 거론되었다고 합니다.

한편 또 다른 사건 관련자였던 이지서(李之曙)는 비기(秘記)에 나오는 '순(順)' 자를 조선의 역수(曆數)를 파자(破字)한 것이라고 해석하여 380년이라고 주장하기도 했습니다.

이 사건 관련자들의 진술에 따르면, 「도선비기」에는 용두(龍頭)와 사미(蛇尾), 궁궁(弓弓) 등의 내용이 있었다고 합니다.

······박철택(朴哲澤)이······공초하기를, "······박민추(朴敏樞)가······말하기를, '도선(道詵)의 비기(秘記)가 있는데 용두(龍頭)와 사미(蛇尾)에 대해 운운한 것이 있다. 용두는 곧 무진년 정월(正月)이고, 사미는 곧 기사년 12월이다' 하고, 또 말하기

를, '왜인(倭人) 같지만 왜인이 아닌 것이 남쪽에서 올라오는데 산도 아니고 물도 아닌 궁궁(弓弓)이 이롭다고 했다. 그러나 이른바 궁궁은 무슨 뜻인지 알 수 없다'고 하였는데, 신이 그에게 들은 것은 이것뿐이었으며, 이를 본 고을의 이청(吏廳)에 전하였습니다."……『영조실록』 영조 24년(1748) 5월 23일.

용두는 '용의 해의 첫 달'이므로 무진년 정월로 풀이할 수 있고, 사미는 '뱀의 해의 마지막 달'이므로 기사년 12월로 풀이할 수 있습니다. 물론 병진년이나 정사년 또는 경진년이나 신사년으로도 해석이 가능하지만 영조 24년(1748)이 무진년이고 영조 25년(1749)이 기사년이기 때문에 사건과 관련해서는 무진년과 기사년으로 풀어야 합니다.

현재 전하는 『정감록』에 수록된 「도선비기」에 "산에도 불리하고 물에도 불리하며, 궁궁에 이로울 것이다", "푸른 옷을 입고 남쪽에서 오니, 오랑캐도 아니요 왜적도 아니다"라는 내용이 있습니다. 위의 인용문에 보이는 내용과 거의 비슷합니다. 따라서 영조 24년 무렵에는 현재까지도 전하는 「도선비기」의 일부 구절이 상당히 알려졌었다는 사실을 확인할 수 있습니다.

궁궁(弓弓)을 어떻게 해석할 것인가에 대해서는 지금도 여러 견해가 있습니다. 그 당시에는 다음과 같이 풀이했다고 합니다.

오수만(吳遂萬)이 공초하기를……박민추가 말하기를, '궁궁(弓弓)이 이롭다고 하는 이야기는 무엇을 말하는 것인가?' 하기에, 신이 말하기를, '궁궁은 활의 허리(弓腰)를 가리키는 것 같다. 따라서 구부러진 곳(劣處)에 숨으라는 말이다[궁요(弓腰)는 속음(俗音)이 열(劣) 자의 뜻을 해석한 것과 같다]' 하였고,……
『영조실록』 영조 24년(1748) 5월 23일.

오수만은 자기 아들인 오명후가 비기(秘記)를 등사(謄寫)한 것을 가지고 있었던 것은, 오명후가 그의 처남인 박세렴(朴世濂)에게서 빌려온 것이라고 진술했습니다. 그런데 오명후가 가지고 있던 비기를 이지서(李之曙)의 아들인 이항연(李恒延)이 가지고 갔던 것입니다. 그런데 이지서는 궁궁을 "광활하다"는 뜻으로 풀이했습니다.

또 이들은 장차 기사년(영조 25년)에 일어날 변고에 대해 "왜인(倭人) 같지만, 왜인이 아닌 것이 남쪽에서 올라오는데, 산도 아니고 물도 아닌 궁궁(弓弓)이 이롭다"고 진술했습니다. 이에 대해 이 사건의 주범인 이지서는 "사람들의 말에 흉흉한 것이 많아서 어떤 사람은 왜인이 온다고 하기도 하지만, 실은 왜인이 아니고 거짓 왜인의 모양을 꾸며가지고 온다. 이들은 무신년(戊申年, 1728년)의 여당(餘黨)들로서 해도(海島)에 들어가 있던 자들이다"라고 진술했습니다. 이 외에도 이지서는 "울릉도 건너편에 황진기(黃鎭紀) 등 무신년의 여당(餘黨)이 있다"는 소문을 퍼뜨렸습니다.

나아가 이항연은 비기에 있는 "무진년의 일은 알 수 있고(戊辰事可知), 경오년에는 즐거움이 당당하다(庚午樂堂堂)"라는 말을 인용하고, "사(事)자는 '난리가 반드시 일어난다'는 뜻이고, 낙(樂)자는 '즐거운 일이 있다'는 것이다"라고 풀이하기도 했습니다.

이는 현전하는 「무학비결」의 "인묘(寅卯)에 비로소 일을 안다(寅卯事方知), 오미(午未)에는 즐거움이 당당하리라(午未樂堂堂)"라는 부분과 천간지지만 다를 뿐 거의 동일한 구조를 지녔습니다.

박민추가 공초하기를……이지서의 아들 이영손(李榮孫)을 길가의 나무 밑에서 만났는데, 이영손이 말하기를, '용두(龍頭)와 사미(蛇尾)에 대한 말은 용은 곧 진(辰)이고 사는 곧 사(巳)이며, 두(頭)는 정월(正月)이고 미(尾)는 곧 납월(臘月)을 말하는 것이다.' 하였습니다……이지서가 사미(蛇尾)라는 글자를 사반(蛇盤)으로 고쳐 말하였고, 궁궁(弓弓)은 광활하다는 뜻이라고 하였습니다. 신이 말하기를, '이 말이 어느 책에 있는가?' 하니, 답하기를, '비기에 있는데 그 책이 오명후의 집에 있다'고 하기에, 신이 오명후의 집에 갔었습니다만, 만나지 못했습니다.……

『영조실록』 영조 24년(1748) 5월 23일.

한편 오명후가 이항연에게 "그대는 양반의 권세에 의지하지 말라. 의당 귀한 자가 천하게 되고, 천한 자가 귀하게 되는 세상이 있게 될 것이다"라고 말하였으며, 오명후의 아비인 오수만이 술을 따라 이항연에게 권하면서 "양반의 교만한 기세를 부리는 짓을 하지 말라"라고 말했다고 합니다. 이러한 진술에 따르면 그들이 양반의 기득권을 부정하는 세상을 꿈꿨으며, 한마디로 말해 '천한 사람이 귀하게 되는 세상'을 만들기 위해 애썼다는 점을 알 수 있습니다. 현전하는 「오백론사」에도 "천한 자가 귀해지고, 높은 자가 낮아진다"는 구절이 있습니다.

그리고 박민추와 이지서의 대질심문에 다음과 같은 내용이 나옵니다.

…… '지난번 이영손(李榮孫)이 전한 용두(龍頭)·사미(蛇尾)는 곧 무슨 이야기인가?' 하니, 네가 말하기를, '미(尾)가 아니고 이에 반(盤)이라'고 하였다. 내가 말하기를, '어떤 반(盤) 자라고 하는가?' 하니, 네가 말하기를, '반반(班班)하다는 반(班)인 것 같다' 하였다. 내가 말하기를 '이는 소반(小盤)이라는 반(盤)인 것 같다. 반 자를 일부러 미(尾) 자로 말한 것이니, 왜인 같으

면서도 왜인이 아니라는 것은 내가 알 수 있다. 그런데 산도 이
롭지 않고 물도 이롭지 않다고 운운한 것은 무슨 말인가? 하니,
네가 말하기를, '산협(山峽)으로 피할 수도 없고 섬으로 피할 수
도 없다는 말이다' 하였다. 궁궁(弓弓)은 이영손이 고문(古文)
의 유자(留字)라고 했는데, 너는 광활한 뜻이라고 운운했다.
……『영조실록』 영조 24년(1748) 5월 24일.

이처럼 당시에도 궁궁에 대한 다양한 해석이 있었음을 알
수 있습니다.

이지서는 6월 2일의 추국에서는 "존읍(尊邑)이 득시(得時)
하고, 장군이 응시(應時)하며 남으로는 왜와 접하고 북으로는
호와 접하고, 서로는 가달에 접하였다 운운 하였습니다"라고
진술했습니다. 이 진술은 궐문에 투서했던 내용이 정(鄭)의
파자인 전읍(奠邑)이 때를 얻는다는 것입니다.

따라서 이 사건의 개요는 무신년 망명 역적인 황진기가 장
군이 되어 정진인을 모시고 빈한하고 미천한 자들을 해방시
키기 위해 울릉도 월변의 섬에서 나온다는 것입니다. 청주와
문의가 먼저 함락되고, 이어서 서울이 함락될 것이며, 이씨를
대신해 정씨가 가난과 귀천이 없는 새로운 세상을 만들 것이
라는 점이 괘서와 투서로 널리 알려져 당시 경기도와 충청도
의 백성들이 동요하게 된 사건이었습니다.

결국 다시 추국이 열려 이지서는 혹독한 심문을 받고 육촌 형인 이지양(李之陽)과 나눈 이야기를 다음과 같이 자백했습니다.

……신이 그날 먼저 말하기를, '천변이 이러하고 인심과 세도가 또 이러하여 아비는 아비답지 못하고 아들은 아들답지 못하니, 나라가 장차 망하게 될 것이다' 하니, 이지양이 말하기를, '네가 어떻게 알겠는가? 도선(道詵)의 비기에 3백 6년이라는 말이 있는데, 지금이 과연 6년에 가까웠다. 무신년 때의 사람들은 곧 진승(陳勝)과 오광(吳廣)의 무리에 불과하다. 이제 진인(眞人)이 마땅히 나올 것인데, 너 같은 사람이 무엇을 알겠는가? 너야말로 사람을 통하여야 일을 이룰 수 있는 그런 사람이다' 라 하였습니다. 신이 진인에 대해 물으니 답하기를, '금산(金山) 봉계(鳳溪)에 사는 정가(鄭)가 아들을 낳았는데 아침에 땅에 떨어져 태어나서 저녁에는 말을 할 수 있었으며, 장대하여 삼척동자가 되었으므로, 기이하게 여기지 않는 사람이 없었다. 그래서 그의 부모가 밤에 그를 데리고 도망을 갔는데, 이것이 재작년의 일이다. 지금은 거처를 알 수 없지만 앞으로는 저절로 알 수 있는 방법이 있다' 고 하였습니다.……『영조실록』 영조 24년(1748) 5월 25일.

인용문에는 도선의 비기에 조선왕조가 망하게 되는 일이 개국 후 306년만이라고 적혀 있었다고 합니다. 그러나 이 기록은 실록의 편찬자가 의도적으로 숫자를 고친 것으로 보입니다. 왜냐하면 조선의 개국 후 306년이 지난 때는 숙종 24년(1698)으로 그 이후에도 경종과 영조 등의 왕위 계승자에 의해 왕조가 유지되고 있었기 때문입니다. 아마도 개국 후 360년이라는 글자를 바꾸었던 것으로 여겨집니다. 조선왕조 개국 후 360년은 영조 28년(1752)으로 이 사건이 일어난 후 불과 4년 뒤의 임박한 시점이기 때문입니다. 예언은 급박하게 주장되고 알려지지 않으면 쉽사리 받아들여지기 어려운 특성이 있습니다.

그런데 이지서가 조선왕조의 역수(曆數)로 다시 해석하여 조선왕조의 수명이 380년이라는 새로운 주장을 괘서에 실었다는 기록이 보입니다. 결국 이지서의 비결서 풀이에 의하면 영조 48년(1772)을 고비로 새로운 왕조가 들어설 것이라 주장했다는 내용입니다. 그러나 영조 24년(1748)년에 난을 일으키려고 준비한 사람이 무려 24년 이후에 일어날 일을 대비했다는 것은 상식적으로 납득이 되지 않습니다.

그리고 이 예에 비결서의 숫자나 일부 내용이 주장하는 사람이나 필사자에 따라서 의도적으로 고쳐질 수도 있었다는 사실이 확인되었습니다.

어쨌든 인용문에서 확인되듯이 이 사건 관련자들도 곧 정씨 성을 가진 진인이 출현하여 새 왕조를 건설할 것을 굳게 믿고 있었습니다. 그들은 진인이 실제로 금산 봉계라는 곳에서 태어났는데, 불과 하루 만에 말을 하고 삼척동자로 자라나는 이적을 보였다고 강조하고 있습니다.

그러나 며칠 후 이지서는 사왜비왜(似倭非倭)의 설, 왜래호래(倭來胡來)의 설, 금산봉계(金山鳳溪)의 설을 자신이 만들어 낸 것이며, 황진기(黃鎭紀) 생존설은 상주에 살던 조근(趙勤)에게 들었다고 자백했습니다.

그리고 문의에 괘서한 것도 자기며, 그 내용의 일부를 "용미사반(龍尾蛇盤)이요, 왜 같으나 왜가 아니며, 남쪽으로부터 오며, 산에도 불리하고 물에도 불리하며 궁궁에서만 이롭다. 궁궁의 뜻은 세상에서 알지 못하는데, 5월 15일에 적이 반드시 남쪽에서부터 오며 태수를 죽일 것이다"라고 썼었다고 진술했습니다.

6월 3일에 이지서를 다시 심문했는데, 이날 8차에 걸친 곤장의 여독으로 이지서가 죽어버리자 이 사건은 종결되었습니다.

어쨌든 이들이 영조 25년(1749)에 반란을 일으키면서 장차 왕으로 모시기로 예정된 사람은 진인(眞人)으로 불렸습니다. 이를 빗대어 그들은 "금산에 봉황이 있어 알을 낳았는데, 하

루 만에 그것이 저절로 터졌으니 실로 재변(災變)이다” 등의
말을 했다고 전합니다. 결국 이들은 새 왕조의 건국자를 정씨
라고 보았으며, 그를 후원할 세력이 바다 가운데 섬에 있다고
주장했던 것입니다.

나주 괘서사건과 『정감록』

영조 31년(1755) 2월 ‘나주(羅州) 괘서(掛書)사건’ 때에도
해도기병설이 유포되었습니다. 당시 나주에 유배되어 있던
윤지(尹志) · 윤광철(尹光哲) 부자 등은 거사를 준비하면서 괘
서사건을 일으켰습니다. 이때 주동인물들 사이의 대화에서
윤지가 “비기(秘記) 가운데 명년
(明年)에 안성(安城)과 죽산(竹
山) 사이에 시체가 쌓여 산과 같
이 되고, 성세(聖世)에 인천(仁
川)과 부평(富平) 사이에 밤에
배 1천 척을 댄다”는 등의 내용
을 언급했습니다.

현전하는 「감결」에 “안성과
죽산 사이에 시체가 산처럼 쌓
이고”라는 구절이 보입니다. 이
는 영조 4년(1728) 3월 이인좌

『영조 때 정감록』
영조 때 필사된 것으로 추정되며, 현전하
는 가장 오래된 정감록이 아닐까? 유정수
소장본.

의 반란군이 안성과 죽산 사이에서 관군에 의해 궤멸된 상황을 묘사한 것으로 보입니다. 그리고 「감결」의 "신년(申年) 봄 삼월, 성세(聖世) 가을 팔월에 인천과 부평 사이에 밤중에 배 1천 척이 정박하고"라는 구절은 윤지가 인용한 비기의 내용과 거의 비슷합니다. 「감결」의 '신년(申年) 봄 삼월'은 이인좌의 난이 발생한 '영조 4년(1728) 무신년(戊申年) 3월'을 정확히 지적한 것입니다.

또한 「무학비결」에도 "천 척의 배가 남쪽 물가에 이르리라", "하룻밤 새 천 척의 배가 이를 것이다"라는 구절이 보이고, 「서산대사비결」에도 "성스러운 해를 만나면 천 척의 배가 갑자기 인천과 부평의 넓은 들에 정박할 것이다"라는 구절이 있습니다. 따라서 최소한 이 구절은 영조 31년(1755) 무렵에는 비기에 수록된 내용으로 널리 알려졌었음을 확인할 수 있습니다.

또 윤지는 지난 영조 4년(1728)에 발생했던 무신란 때에는 너무 쉽게 육지에서 출병하였기 때문에 실패했다고 비판하면서, 이제는 해도(海島)에 거점을 두고 거사해야 한다고 주장했습니다. 그는 "먼저 탐라에 거점을 구축하여 연해에 출몰하면서 세선(稅船)을 잡아들이고, 진도(珍島)로부터 곧바로 강화에 도착하면 일이 이루어질 것이다"라고 주장하여 해상 공격로를 설정하였습니다.

『성호사설』에 보이는 비결서의 저자들

한편 이익(李瀷, 1681~1763)이 지은『성호사설(星湖僿說)』에 "무학(無學)의『지리지(地理志)』에 '옛날에 선녀가 한양 북곡(北谷)에 살며 비단을 빨았다' 고 했다"는 기록이 전합니다. 이외에도 이익은 '의상(義相)과 남사고(南師古)의 기록' 이 있어서 어리석은 사람들이 믿는다고 언급했습니다. 이 책에는 무학(無學)의 생애에 대한 언급은 있으나 비결과 관련된 설명은 보이지 않습니다.

정조와 『정감록』

정조 때 발생한 이경래 · 문인방 사건과 『정감록』

정조 6년(1782) 11월 충청도 진천에서 '이경래(李京來) · 문인방(文仁邦) 사건'이라는 왕조 전복 음모사건이 일어났습니다. 정조의 즉위과정에서 결정적 역할을 담당했던 홍국영(洪國榮, 1748~1781)이 축출된 다음, 홍국영 사후에 그 잔여세력의 구심점 역할을 하던 송덕상(宋德相)은 체제변혁을 도모하던 세력과 연계하여 조직적이고 치밀한 거사를 준비했습니다.

송덕상과 교제가 있던 양양(襄陽) 출신의 이경래가 송덕상의 제자였던 천민 출신인 문인방을 끌어들이고, 박서집(朴瑞集), 신형하(申亨夏), 백천식(白天湜) 등 송덕상의 제자들과 연계를 맺으면서 체제변혁세력인 도창국(都昌國), 곽종대(郭宗大), 김정언(金廷彦) 등을 포섭하는 등 전국에 걸쳐 동조세력을 규합해 나갔습니다. 특히 이들은 『정감록』을 사상적 틀로 이용하여 거사를 준비했습니다. 이때부터 『조선왕조실록』에 『정감록』이라는 책이름이 본격적으로 거론되기 시작하였습니다.

이들은 도원수에 이경래, 선봉장에 도창국, 운량관에 박서집을 임명하는 등 거사 시에 필요한 조직체계를 갖추고, 일단 거사가 성공하면 송덕상을 대선생에 추존한다는 계획을 추진했습니다.

양양→강릉→원주→동대문으로 공격로를 설정하여 거사 준비를 마무리하였으나, 주동인물 가운데 한 사람인 박서집의 고변(告變)으로 사전에 발각당하고 말았습니다.

이 사건을 취조한 결과 『승문연의(乘門衍義)』『신도경(神韜經)』『금귀서(金龜書)』 등의 비결서 또는 도술과 관련된 책이름도 언급되었습니다. 바로 이 '이경래·문인방 사건'에 『정감록』이 언급됩니다.

문인방의 결안(結案) 공초에, "……박서집이 공초한 말들은 모두 신과 주고받은 흉악한 말입니다. 박서집이 하늘에 축수한 글 가운데 석 자는 신이 지어낸 것으로 얽어 짜려는 계교였습니다.

『정감록(鄭鑑錄)』가운데 여섯 자의 흉악한 말도 지어내어 모함하려는 계교였는데, 이 흉악한 말은 일찍이 신의 책자 중 『경험록』에도 나타나 있습니다. 대체로 신이 가지고 있는 책을 합하면 네 책인데, 모두 매우 요망하고 허탄한 글로서 오로지 거짓 핑계대어 대중을 현혹시키려고 꾀한 것입니다.……"라 했다.……『정조실록』 정조 6년(1782) 11월 20일.

위의 인용문이 바로 『정감록』이라는 용어가 『조선왕조실록』에 처음으로 나오는 부분입니다. 영조 15년(1739) 6월에 함경도 지역에서 유포되었던 『정감록』이 이제는 충청도 지역에서 나타났습니다. 그만큼 오랜 세월 동안 『정감록』이 은밀하게 전국적으로 유행되었던 사실을 확인할 수 있습니다. 그러나 『정감록』이라는 책명이 언급되었다고 해서, 그 책이 곧 현전하는 『정감록』과 똑같은 책이라고 생각해서는 안 될 것입니다. 현재 우리가 볼 수 있는 『정감록』 자체가 여러 비결서들이 들쑥날쑥하게 묶여진 편찬서라는 점을 감안할 때, 영조나 정조 때 유행되던 『정감록』은 아마도 단일한 비결서를 가리키거나 몇 가지 비결서만을 합친 형태였을 것으로 짐작됩니다.

이 『정감록』의 내용을 추정할 수 있는 단편적인 언급이 있습니다. 당시 이 사건을 조사했던 대사헌(大司憲) 정호인(鄭好

仁)이 임금에게 "(『정감록』에 나오는) 삼자(三字), 육자(六字) 등
의 흉악한 말은 참으로 너무나 불측한 것이었습니다"라는 글
을 올렸습니다. 삼자·육자설의 구체적인 내용은 밝혀져 있
지 않지만, 그와 유사한 문맥이 문인방이 가지고 있던 『경험
록(經驗錄)』에도 나온다고 했습니다.

한편 취조기록인 『추안급국안(推案及鞫案)』을 보면 문인방
이 "『승문연의』는 오행설을 논한 책자며, 『신도경』은 도교
(道敎)의 서적인 『태을경(太乙經)』을 가리킨다"고 진술하였습
니다. 『추안급국안』에도 그 구체적 내용이 나오지 않고 다만
평안도 양덕(陽德) 출신의 술사(術士)로 천문과 점술에 능했
다는 문인방(文仁邦) 등이 지어낸 흉언으로서 반역의 뜻을 담
고 있다고 했을 뿐입니다. 여기서 흉언은 당시 국왕이었던 정
조(正祖)의 축출과 직접 연관된 것으로 추정되며, 문인방이
기존의 예언서인 『정감록』과 『경험록』에 삽입한 구절이었을
것으로 짐작됩니다. 어쨌든 이를 통해서도 비결서가 여러 사
람의 손을 거치면서 조금씩 변형되었다는 실례를 확인할 수
있습니다.

그런데 문인방 등의 『추안급국안』의 기록 가운데 이 사건
의 공모자였던 박서집(朴瑞集)이 왕의 심문을 받으면서 "저는
어렸을 때 단지 한글로 된 『정감록』(諺書鄭鑑錄)을 보았을 뿐
입니다. 듣건대 그 단초는 고려왕조 때에 나왔다고 합니다.

『비장』
필사본, 총 28면, 뒷 부분에 '도선결' 이 실려
있다.

제가 말한 기록에 해도(海島)는 남쪽의 바다에 있는 섬을 가리킵니다. (개국 후) 4백 년이 지나면 (이 왕조의 운수가) 소운(小運)이 되는데, 만일 그 해에 바다에 도적이 나온다면 나무 목(木)을 변으로 하는 성(姓)을 가진 사람이 그들을 물리칠 것이므로, 나라의 운수가 다하지 않을 것입니다"라고 진술했습니다.

즉 박서집이 보았다는 『정감록』에는 조선왕조가 건국 후 4백년이 지나 정조 16년(1792)에 이르면 남쪽 바다의 어떤 섬에서 도적이 나타날 것이고 이 도적을 막을 영웅이 출현할 것이 예언되어 있었다는 것입니다.

또 이 사건에서 해도(海島)에서 진인(眞人)이 군사를 이끌고 나와 현 왕조를 정벌하고 새로운 국가를 건설한다는 해도기병설(海島起兵說)이 제기되었습니다. 이들이 주장하는 해도는 '소운릉(小雲陵)' 이었습니다.

문인방은 "소운릉이 백두산 밑에 있는데, 일찍이 이경래의 집 앞에서 배를 타고 소운릉에 갔다"고 말했으며, 어떤 때는 "삼척(三陟)의 해중(海中)에 있다"라고 진술하거나 "남방(南方)의 해도다"라고 말하기도 했습니다.

이처럼 소운릉의 위치는 상황에 따라 다르게 진술되고 있어서 일관성이 없습니다. 결국 소운릉의 구체적인 위치도 알 수 없고, 실존하는 섬인지도 확인할 수 없습니다. 그럼에도 불구하고 문인방 등은 소운릉은 땅이 매우 비옥한 곳이며 거사를 위한 비밀거점으로 인식하고 있었습니다.

그리고 이 사건의 또 다른 관련자인 신형하(申亨夏)는 황해도 평산(平山)에서 풍수를 업으로 하던 권택인(權宅仁)으로부터 『정감록』에 대해 전해 들었다고 진술했습니다. 신형하는 "이우혁(李愚赫)이 그 책(『정감록』을 가리킴)에 대하여 말한 가운데 '초포에 조수가 들어오면(草浦潮生)'이라는 구절이 있었습니다. 제가 그 뜻을 물었더니 우혁이 '계룡산 아래에 초포라는 곳이 있다. 그러니 그것을 말한 사람이나 묻는 사람이나 모두 알 것이다'라고 대답했습니다"라고 진술했습니다.

여기서 초포(草浦)는 충청도 연산현(連山縣) 서쪽 20리에 있는 개울인데, 근원이 계룡산에서 나와 사진(私津)으로 들어갑니다.

신형하가 전하는 『정감록』에 나온다는 '초포조생설(草浦潮生說)'은 인조 6년(1628) 2월에 일어났던 유효립(柳孝立)의 역모사건에서 문제가 되었던 "초계조입(草溪潮入), 계룡건도

(鷄龍建都)”설과 매우 비슷합니다. 충남에 있던 초포와 경상 남도에 있는 초계는 서로 다른 지명이지만, 그곳에 바닷물이 들어오면 새로운 왕조가 세워진다고 주장했다는 점이 같은 맥락입니다. 따라서 문인방 사건의 『정감록』에는 인조 6년에 있었던 비결이 약간 변형된 형태로 수용되어 있다는 사실이 확인됩니다. 현재 확인할 수 있는 「감결」「오백론사」「토정 가장결」 등에는 초포라는 지명이 언급됩니다. 따라서 현전하 는 『정감록』의 기록은 초계라는 지명이 계룡산 근처에 보이 지 않는다는 견해가 받아들여져서 계룡산 부근에 있는 초포 라는 지명으로 수정했던 것으로 짐작됩니다. 비결서의 내용 이 정확하다는 점을 강조하기 위해 지명을 정확히 표기하려 는 노력이 가해진 결과로 보입니다.

그런데 이 구절은 이 사건이 발생한 지 약 30년 후인 순조 11년(1811)에 일어난 홍경래의 난에 연루되었던 이원박(李元 樸) 등이 “계룡(산)의 돌이 하얗게 되고, 초포에 바닷물이 생 긴다”는 말을 서로 주고받았던 사실을 자백했다는 기록에도 나옵니다. “계룡산의 돌이 희게 변한다”는 구절은 「감결」에 2번 언급되고, 「토정가장결」에도 나옵니다. 여기서 비결의 내용이 계속 증보되는 특성이 있다는 사실이 확인됩니다.

『정감록』을 소장한 죄목으로 체포된 사람들

정조 6년(1782) 12월에도 황해도 해주에서 안필복(安必復)과 안치복(安致復)이 『정감록』을 집에 몰래 소장했다는 이유로 관아에 수감되는 사건이 일어났습니다. 그들이 소장했다는 『정감록』은 길이가 약 52~62센티미터, 두께는 약 4센티미터였으며, 백지에 한글로 적혀 있었다고 합니다. 이 사건과 관련하여 정조는 다음과 같은 처분을 내렸습니다.

> 이른바 『정감록』에 관한 것은 그 책이 분명히 그의 집에 있었다고 하더라도, 그들이 저술한 것은 아니다. 따라서 큰 죄가 되지는 않는다. 대체로 예부터 서적 중에서 예언의 서적을 절대 금지하였던 것은, 바로 백성들을 현혹시키기 때문에 그런 것이다. 어찌 정정당당한 조정에서 이를 듣기 싫어서 숨기겠는가?……내가 심히 두려워하는 것은 예언의 서적에 있는 것이 아니다. 교화가 시행되지 않고, 풍속이 안정되지 않는 까닭에 갖가지 이상한 일이 본도에서 발생할까 염려하는 데에 있다. 안필복과 안치복에게 이 전교(傳敎)로 일깨운 다음, 갇혀 있는 그들의 가족도 모두 풀어주도록 하라. 『정조실록』 정조 6년(1782) 12월 10일.

정조는 예언서 자체는 허무맹랑하다고 판단하고 있지만, 『정감록』이 초래할지도 모르는 반란 등의 '이상한 일'은 염려하고 있습니다. 특별한 방도를 찾지 못했던 정조는 유교적 이념의 철저한 시행을 통해 『정감록』 등의 비결서로 인해 발생할 인심의 동요를 진정시킬 수 있기를 원했습니다.

위에서 살펴본 것처럼 박서집이 한글본 『정감록』을 보았다고 진술한 내용과 안필복이 소장했던 『정감록』이 한글본이었다는 기록을 근거로 영조 15년(1739)에 처음으로 조정의 관심을 불러 일으켰던 『정감록』도 역시 한글본이라고 추정하는 연구도 있습니다. 바로 이러한 맥락에서 20세기에 들어와서 『정감록』을 편찬한 사람들이나 연구자들이 한문본인 「감결」을 원본으로 간주하는 경향이 있었다고 비판하기도 합니다.

그러나 한자가 다중적 의미를 지닌 함축적 문자라는 점, 파자가 가능하다는 점 등을 고려해 볼 때 한글보다는 오히려 한자가 비결서에 더 적합한 문자가 아닐까 생각합니다. 그리고 이전에 왕조실록에 언급되는 현전하는 『정감록』에 수록된 내용과 유사하거나 일치하는 구절들이 한자로 적혀 있었다는 사실을 염두에 둔다면, 한글본 『정감록』은 유포되는 과정에서 더 많은 계층의 사람들에게 읽혀지기 위한 해석서라고 보는 것이 설득력이 있을 듯합니다.

'이율과 양형' 사건과 『정감록비기』

정조 9년(1785) 2월 경상도 하동(河東)에서 일어난 반란 음모사건인 '이율(李瑮)과 양형(梁衡)' 사건에서는 『정감록비기(鄭鑑錄秘記)』가 조정의 주목을 받았습니다. 정치권에서 밀려난 홍복영(洪福榮)과 이율은 중인 신분인 양형과 천민 신분인 문양해(文洋海)를 매개로 지리산에 은거하고 있는 산인(山人) 집단과 연계하면서 거사계획을 추진하였습니다.

하동 지역에 위치한 문양해 및 산인 집단을 중심으로 강원도에 정(鄭)가, 충청도에 한수채(韓壽採), 전라도에 이인형(李仁瀅), 경상도에 고경현(高擎懸) 등을 대장으로 삼고, 서울에서는 이율과 홍복영이 내응하여 거병(擧兵)하기로 계획하였으나, 거사 준비과정에서 김이용(金履容)의 고변(告變)으로 적발되었습니다.

정조 9년(1785) 3월 양형은 다음과 같이 진술했습니다.

……셋으로 갈라진다는 말은 성 거사가 이를 말하고 문양해가 이를 전하였는데, 조선은 산천(山川)과 천문(天文)과 지리(地理)가 모두 셋으로 갈라질 징조가 있는데, 임자년에 사변이 있어서 도적이 일어나며, 그 뒤에 마땅히 셋으로 갈라졌다가 다시 합쳐서 하나로 되며, 셋으로 갈라진다는 성씨는 정가(鄭), 유가(劉), 김가(金)이지만, 필경에는 정가가 합하여 하나로 만드는

데, 그는 남해(南海)의 섬 가운데에 있으며, 유가는 통천(通川)에 있으며, 김가는 영암(靈巖)에 있다고 합니다. 임자년에 정가가 먼저 해도(海島)에서 군사를 일으키면, 유가와 김가가 그 뒤를 이어 일어난다고 하였기 때문에, 신은 이렇게 주고받은 말을 홍복영에게 전하였는데, 임자년 2월에 배가 바다 가운데에서부터 온다고 하였습니다"라 하였다.……『정조실록』정조 9년(1785) 3월 1일.

현재 전하는「삼한산림비기」에 "나라가 망할 때에는 삼국의 분열이 있으리라"라는 구절과 "삼국이 나누어 서는 일은 틀림없이 묘년(卯年)과 진년(辰年) 사이에 생길 것이다.…… 결국에는 전읍(奠邑)인 외성(外姓)에게 빼앗길 것이다"라는 내용이 있습니다. 그리고「오백론사」에도 "세 임금이 각각 서니, 만백성이 보금자리를 잃는다"라는 구절이 있으며,「남격암산수십승보길지지」에는 "세 임금이 저마다 즉위할 것이요"라 했습니다. 또「서계이선생가장결」에는

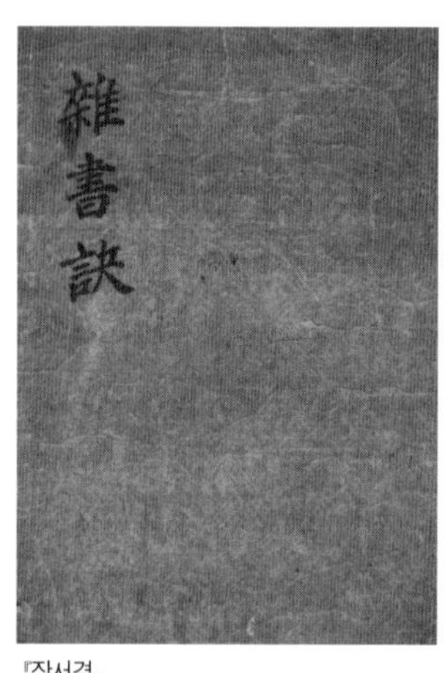

『잡서결』
총 234면. 필사본.

“천리 강산이 셋으로 나뉘니 어찌할 것인가?”라 했습니다.

양형의 진술 내용과는 차이가 있지만 “나라가 셋으로 갈라진다”는 핵심은 동일합니다. 양형의 진술은 정씨, 김씨, 유씨에 의해 나라가 갈라진다고 했지만, 현전하는 『정감록』에는 이러한 내용은 찾아볼 수 없습니다. 아마도 정조 이후 근대까지 그러한 역사가 실제로 전개된 일이 없었기 때문에 성씨까지 언급한 자세한 예언은 삭제되었을 것으로 보입니다.

홍복영은 다음과 같이 진술했습니다.

홍복영이 공초하기를……“노사(老師)가 말하기를, ‘영암(靈巖)에서 군사를 일으키는 것은 다만 앞으로 두 해가 남았다’ 고 하였습니다. 대개 세 곳에서 군사를 일으키는데, 하나는 충청도이지만 고을 이름은 자세히 모르겠습니다. 또 들으니, ‘무신년에 신병(神兵)이 바다를 건너온다’ 고 하였으나, 바다 가운데 있는 섬 이름은 잊어버리고 기억하지 못하겠습니다. 그 중에 정가 성씨를 가진 신인(神人)이 나이는 지금 13살입니다. 영암에서 군사를 일으키는 것은 곧 김가 성씨를 가진 사람이고, 충청도에서 군사를 일으키는 것은 바로 유가 성씨를 가진 사람이라고 하는데, 이것은 모두 양형의 말입니다” 라 하였다. 『정조실록』 정조 9년(1785) 3월 1일.

　　홍복영의 진술에 따르면 정씨 진인이 불과 13살의 소년이라고 합니다. 이러한 주장은 실재 인물에 대한 묘사라기보다는 진인이 가지는 상징성을 나타낸 것으로 보아야 할 것입니다.

『동국요람』
필사본.

　　진인은 민중들에게 진취적이고 희망찬 장래를 약속하는 존재로 받아들여진 것입니다. 진인은 나이가 든 인물이나 속세의 때에 찌든 인물로 그려져서는 곤란합니다. 진인은 현실의 고통과 질곡을 벗어나 밝은 미래를 보장할 수 있는 순수한 젊음과 괴롭고 아픈 현실을 타개할 수 있는 약동하는 따뜻한 원기를 지닌 청년의 모습으로 민중들의 가슴 속에 새싹처럼 돋아나야 했던 것입니다. 바로 이러한 맥락에서 정씨 진인의 또 다른 이름이자 상징이 '정도령'이 될 수 있었던 것입니다. '양반집 사내아이'라는 의미의 도령은 젊음과 생기와 활력을 상징하는 용어입니다.

　　문양해가 서면으로 바친 공초에서 나라의 정세 변화를 더욱 자세히 예언한 내용을 밝히기도 했습니다.

……녹정(鹿精)은 항상 시사(時事)에 대하여 언급하여 말하기를, '동국(東國)은 말기에 가서 셋으로 갈라져서 1백여 년간 싸우다가 비로소 하나로 통합되게 되는데, 결국 통일할 사람은 바로 정가 성씨를 가진 사람이고, 그 싸움은 먼저 나주(羅州)에서 일어나는데, 임자년과 계축년 사이에 시작될 것이며, 어지러운 정세를 바로잡아 반정(反正)하게 될 사람은 유가(劉), 이가(李), 구가(具)의 성을 가진 세 사람이다' 고 하였습니다. 거사할 시기는 을사년 7, 8월이 아니면 병오년 정월이나 2월이며, 그런 후에 일이 순조롭게 이루어질 수 있을 것이라고 하였으므로, 신은 과연 이 말을 양형에게 말하고 다시 이율에게 전하여 말하였습니다.……『정조실록』 정조 9년(1785) 3월 12일.

그런데 이 사건의 취조 과정에서 『정감록비기』와 더불어 『진정비결(眞淨秘訣)』과 『국조편년(國祚編年)』이라는 책자도 언급되었습니다.

문광겸(文光謙)이 공초하기를, "김이용은 과연 와서 만났는데, 대개 몇 해 전에 냉정동(冷井洞) 정내겸(鄭來謙)의 집에서 여러 차례 만났던 사람이었습니다. 김이용이 신에게 묻기를, '구례(求禮) 화엄사(華嚴寺)의 중 윤장(允藏)이 일찍이 그 절에 『정감록(鄭鑑錄)』을 숨겨둔 죄로 흑산도(黑山島)에 귀양갔는데,

나는 본래부터 그 사람이 문장에 능하고 경서를 잘 외운다는 것을 알고 있다’ 라고 하였습니다. 신이 말하기를, 『정감록』을 나는 비록 직접 보지 못하였으나, 향악이 문양해에게 말하는 것을 들으니, 그 가운데 이르기를, ‘우리나라는 6백 년이 지난 뒤에 1백 년간 전쟁이 있게 된다는 말이 있는데, 『진정비결(眞淨秘訣)』과 『정감록』은 서로 맞아떨어진다고 하였으며, 이른바 세 집이라는 것은 곧 정가, 김가, 유가인데 1백 년 동안 전쟁을 하더라도 우리들 생전에는 그럴 염려가 없을 것 같다’ 라고 하니, 김이용도 또한 듣고 기뻐하였습니다. 심지어 땅임금[坤帝]이니 현신(玄神)이니 하는 따위의 말에 대해서도 신이 정말로 주고받은 말이 있었는데, 홍복영(洪福榮)은 자기 아내가 시골로 내려가는 것을 저지하였기 때문에 이렇게 기도한 일이 있었습니다”라 하였다.

묻기를, “『국조편년(國祚編年)』을 김이용과 말을 주고받을 때에, 너의 집에 감추어 두었다고 하였는데, 그것이 사실인가?” 하니, 공초하기를, “일찍이 집 가운데에 감추어둔 적이 없는데, 『국조편년』이라는 것은 바로 『정감록』과 같은 여러 가지 책들을 가리킨 것입니다” 하였다. 묻기를, “김이용과 말을 주고받을 때에 과연 천변(天變)이라고 말을 한 일이 없는가?” 하니, 공초하기를, “흰 무지개가 해를 꿰뚫는다는 말은 일찍이 산중에서 얻어들었는데, 김이용도 말하기를, ‘작년 어느 달에 이런 변고가 있었다' 라고 하였습니다"라 하였다. 『정조실록』 정조 9년(1785) 3월 16일.

인용문을 통해 당시에 『국조편년』이나 『진정비결』과 『정감록』 등의 비결서가 광범위하게 유행되었다는 사실을 알 수 있으며, 이들 책자에 조선왕조의 말기에 백 년 동안에 걸쳐 내란이 있으리라는 예언이 실려 있었다는 점을 확인할 수 있습니다.

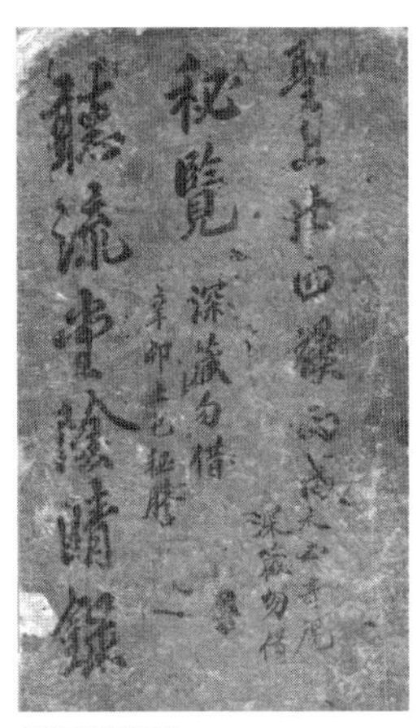

『청류당음청록』
고종 28년(1891년) 음력 4월에 등초했다는 기록이 보인다. 유정수 소장본.

그런데 "『국조편년』이라는 것은 『정감록』과 같은 여러 가지 책들을 가리킨 것입니다"라는 진술을 통해 당시 사건 관련자들은 조선왕조의 분열을 예언하는 책들을 통틀어서 『국조편년』이라고 이해했었음이 드러납니다. 이 사건을 취조했던 관리들이 국왕 정조에게 올리는 보고서에 다음과 같은 내용이 보입니다.

문광겸(文光謙)이 체포되었을 때 그가 소장한 문서를 수색하였더니, 그 중에 (국운을) 연대순으로 엮은 책자가 하나 있었습니다. '임자년(壬子年)부터 정묘년(丁卯年)까지 연달아 병화(兵

火)가 있고, 그 뒤에는 잇따라 (나라가) 셋으로 갈라질 것이다. 을사년(乙巳年) 봄에는 반드시 수재(水災)가 있을 것이라'고 했습니다. 또한 그 글에 이르기를 '임(林[川, 충청도)과 옥(沃[溝], 전라도) 사이가 몇 자 깊이로 물에 잠기고, 기유년(己酉年)에 마땅히 비참한 흉년이 들 것이다'고 했습니다. 또 '무신년(戊申年)에는 북방의 도적이 크게 일어나서 집을 부수고 절간을 허물 것이다. 관군이 능히 대적하지 못하며, 정미년(丁未年)에는 곤양(昆陽)과 고성(固城) 사이에 수재(水災)가 일어나고, 경술년(庚戌年)과 신해년(辛亥年) 사이에는 들에 푸른 풀이 없어지며, 임자년(壬子年)에는 남쪽 섬의 군사가 강을 건너온다' 라고 했습니다. 그런데 임자년 이후에 대해서는 쓴 것이 없었습니다. 『정조실록』 정조 9년(1785) 3월 1일.

이러한 진술 내용을 볼 때 『국조편년』은 영조 9년(1733)에 남원에서 일어났던 김원팔 사건 때 관헌을 긴장시켰던 『남사고비결』과 마찬가지로 편년체로 된 비결서였던 것 같습니다. 두 비결서 모두 왕조의 멸망을 예언하고 있다는 점에서는 일치하지만, 그 자구(字句)는 달랐던 것이 분명합니다.

예를 들면 『남사고비결』에 무신년(戊申年, 1728년?)을 가리키는 듯한 기록에 "피가 흘러 내를 이루고, 길이 막히고 민호에 연기가 끊긴다"라고 간단히 적혀 있었는데, 『국조편년』에는 "무신년(戊申年, 1788년?)에는 북방의 도적이 크게 일어나서, 집을 부수고 절간을 허물 것이다. 관군이 능히 대적하지 못하며"라고 적혀 있었다고 합니다.

이와 같이 육십갑자나 천간이나 지지를 사용하여 특정한 년도에 어떤 일이 일어날 것인가를 예언하는 형식은 현전하는 「삼한산림비기」「무학비결」「오백론사」「도선비결」『남사고비결』「서계이선생가장결」 등에서도 쉽게 확인할 수 있는 『정감록』의 대표적인 표현법입니다. 그러나 인용문의 내용과 유사한 예언은 찾을 수 없습니다.

정조 9년(1785)에 일어난 반란음모사건의 주동자로 간주되었던 이율은 "범상하지 않은 사람(異人)의 말을 들으니, 내년(丙午年, 1786년) 이후로 도적들이 사방에서 일어날 것인데, 북쪽의 도적들이 먼저 나오고, 그 후에는 나라가 장차 셋으로 갈라진다고 합니다"라고 진술했습니다.

이들은 남해 바다에서 출병한다는 정씨를 진인으로 인식하였습니다. 어떤 사람은 "제주의 7백 개 섬에 진인이 있다"고 하여 진인이 제주도 일대에 머무른다고 생각했고, 또 다른 사람은 "이른바 삼도에서 군사를 일으킨다고 하는 것은, 바로 삼남(三南)의 해도(海島) 가운데를 말하는 것입니다"라고 진술하여 진인이 머무는 곳을 제주도 일대로 국한하지 않았습니다. 그리고 "무신년(戊申年, 1788년?)에 (정씨 진인이 이끄는) 신병(神兵)들이 바다를 건너온다"고 진술한 사람도 있었습니다.

또 "참서(讖書) 가운데에 내(內), 전(奠), 을(乙), 룡(龍) 네 글자가 있다. 이것을 보면 나라의 운수가 오래가지 못한다는 것을 알 수 있다.……내전(內奠)은 곧 정(鄭) 자이다. 을룡(乙龍)은 '용' 자의 몸체가 뱀 사(巳) 자로 되어 있고, 그 중에 삼획은 석 삼(三) 자로 되었으며, 좌변은 달 월(月) 자로 되어 있는데, 월(月) 자 위의 설 립(立) 자는 달 월(月) 자 밑에 붙는다"라는 진술을 통해 새로운 정씨 왕조가 들어서는 조짐이 정조 9년(1785) 3월에 생긴다고 주장했습니다.

그리고 진인 정씨가 바다를 건너오기 전에 '하늘이 낸 사람'인 김씨가 먼저 난리를 일으킨다는 해석도 있었습니다. 그 김씨는 영암에서 반란을 일으키게 될 것인데, 그 시점에 대해 "앞으로 두 해가 남았다"고 진술하여 정미년(丁未年, 1787년?)으로 보는 견해가 있었습니다.

그렇지만 "영암에서 군사를 일으키는 것은 금년(1785년) 3월이나 4월이다"라는 의견이 사건 음모자들 사이에 지배적이었습니다. 실제로 "영암의 김가가 을사년(乙巳年, 1785) 3월과 4월 사이에 영암과 하동 사이에서 거사할 계획이고, 안으로 서울에서 내응할 이는 박종익과 심벽현이라는 말을……들었습니다"라는 진술이 있습니다.

한편 "김씨를 뒤따라 반란을 도모하게 될 유씨는 정미년
(丁未年, 1787)에 군사를 일으키고, 정씨는 그 이듬해인 무신
년(戊申年, 1788)에 군사를 일으킨다. 그리하여 세 성씨를 가
진 사람들이 장차 1백 년 동안 서로 싸울 것이다"라는 진술도
있었습니다.

결국 이러한 진술은 결국 정조 9년(1785)이나 정조 10년
(1786) 사이에 반정(反正)으로 표현되는 왕위찬탈사건이 일어
날 것이며, 그로부터 6년이나 7년 뒤에는 삼국으로 분열되었
다가, 백년의 투쟁을 거친 다음 통일되어 새로 정씨 왕조가
세워질 것이라는 예언이었습니다.

그런데 정조 9년의 '이율과 양형 사건'은 조사과정에서
서악(西嶽), 향악(香嶽), 징담(澄潭), 일양자(一陽子) 등 신선이
나 이인(異人)들이 이 사건에 연루되었다는 점이 특기할 만합
니다. 이 사건의 주요 관련자인 문양해 등은 이들 신인(神人)
늘이 『정감록』과 같은 예언서를 직접 인용하거나 해석해 주
었다고 주장했습니다.

이 사건 관련자들에게 노선생(老先生)이라고 불렸던 서악
(西嶽) 이현성(李玄晟)은 당시 나이가 250살이었다고 하며 "땅
의 임금(坤帝)" 또는 "천제(天帝)의 배필"로 통했습니다. 그는
산중에 아궁이 불을 전혀 때지 않고 살았다고 전하며, 군사를
일으킬 경우에 어느 지방에서 일으키는 것이 유리한지를 알

수 있었다고 합니다. 아울러 그는 자객을 보내서 권세가를 칼로 찔러 죽이거나 호랑이나 표범을 보내서 물어 죽이게 할 수 있는 존재로 믿어졌습니다.

이처럼 초월적 능력을 지닌 존재인 서악은 사건의 주모자인 문양해를 위해 정조 9년(1785) 음력 3월에 7일 동안 초제(醮祭)를 지내주기도 했는데, 그가 초제를 지내면 지상의 모든 재앙이 다 없어진다고 믿어졌습니다. 서악은 실은 성씨(成氏)이며, 나이가 80살 내지 90살이라는 설도 있었고, 어떤 사람은 그를 지관(地官)이라고 진술했습니다.

또 향악선생(香嶽先生)은 "청상(靑尙)이 향악을 남명부(南冥府)에 3일 동안 가두었다"는 진술에서 알 수 있듯이 이 사건과 직접적인 관련이 있는 인물로 인식되었습니다. 그는 지리산에 머무르고 있으며, 이름은 김정(金鼎)이고 나이는 60여 살이었다고 합니다. 그가 사는 집을 운경(雲扃)이라고 불렀기 때문에 그를 운재(雲齋)라고 부르기도 했으며, 본래 평안도 출신이었다고 합니다. 이러한 주장과 달리 어떤 사람은 향악의 이름을 김호(金灝) 또는 김현(金鉉)이라고 진술하기도 했습니다.

어쨌든 징담, 향악, 서악 등은 이 사건의 중요인물이었던 문양해의 스승으로 믿어졌습니다. 즉 문양해가 이들 신선에게서 선술(仙術)과 술법을 배웠다는 주장입니다.

그 이외에 묘향산에 살고 있었다는 일양자(一陽子)라는 신선도 이 사건과 관련되어 언급됩니다. 일양자의 성은 모씨(茅氏)이며, 모자(茅子)라고도 불렀다고 전합니다. 또 다른 사람은 그의 이름이 모문룡(茅文龍)이라고 진술했으며, 중국 명(明)나라의 문장가 녹문(鹿門) 모곤(茅坤, 1512~1601)의 11대 손자라고 주장하기도 했습니다.

이들 신선들은 지리산 속에 있는 선원(仙園)에 살고 있었다고 믿어졌습니다. 그곳은 외부 사람들에게는 전혀 알려지지 않은 곳인데, 신선들의 집이 10여 호가 있었다고 합니다. 이들 신선들은 장래에 닥치게 될 운수를 훤히 알고 있었다고 전합니다.

이러한 진술의 사실 여부를 확인하기 위하여 정부에서는 관리를 지리산에 보내 산골짜기를 샅샅이 조사하기도 했습니다. 그러나 신선들이 살고 있다는 마을은 발견하지 못했습니다. 결국은 취조의 마지막 단계에서 문양해의 자백에 의해 이른바 신인(神人)은 허구적인 존재로 판명되었습니다.

한편 이 사건이 일어난 직후에 전남 구례군에 있는 화엄사의 승려 윤장(允藏)이 절간에 『정감록』을 숨겨두었다는 이유만으로 흑산도에 유배되었습니다.

이 밖에도 정조 9년(1785) 3월에 충청도에서 진동철(陳東喆)과 진흡(陳潝) 등이 "을사년(乙巳年, 1785) 3월에 서천(舒川)

에서 군사를 일으켜 서울을 침범하려고 한다. 이때 서산(瑞山)이나 태안(泰安)에 반드시 해적이 나타날 것인데, 왜적 같지만 왜적이 아닐 것이다"라고 주장하며, "난리를 피하기 위해서는 산골짜기로 들어가야 하고, 창과 환도를 준비해야 한다"는 등의 해도기병설(海島起兵說)과 관련된 요언(妖言)을 유포하여 민심을 동요시킨 사건이 있었습니다.

함경도의 정씨 진인

정조 9년(1785) 12월에 함경도 단천군에서 『점법서(占法書)』『백중력(百中曆)』『감영록(鑑影錄)』 등을 소지한 사람들이 체포되었는데, 이들은 첫머리에 9자의 흉언이 적히고 13인의 이름이 기록된 수인록(讎人錄)이라고 적은 작은 종이도 가지고 있었습니다. 그런데 이들을 심문하자 앞으로 일어날 일을 기록했다는 비결을 적은 책이 언급되었으며, 그 책에 백여 명의 동조자의 이름도 적혀 있었습니다. 특히 이용범이라는 자는 스스로 인두장군(人頭將軍)이라고 일컬었고, 또 단천에 사는 정가(鄭)가 진인(眞人)이라고 일컬었다고 합니다.

김동익 사건과 정씨 진인출현설

정조 11년(1787) 6월 충청도 제천에 살던 김동익(金東翼)·김동철(金東哲) 형제와 강원도 횡성에 살던 정무중(鄭武重) 등이 역모를 꾸민 혐의로 처벌되었습니다. 사건 주모자인 김동익 등은 무석국(無石國)이라고 불리는 섬으로부터 정희량(鄭希亮, ?~1728)의 손자 정함(鄭醎)이 그 해 6월 11일에 육지로 나와서 일을 일으키면 팔도에서 일시에 호응하여 새로운 나라를 세울 것이라고 주장하면서 반란을 준비했습니다. 도주(島主) 정함은 정응주(鄭應周)라고도 불렸다고 합니다.

이른바 무석국은 일본과 동래(東萊) 사이에 있으며, 이들은 "도상(島相)은 모두 세 사람인데, 한 사람은 영조 4년(1728) 무신란을 주도한 이인좌(李麟佐)의 아들이요, 한 사람은 조(趙)가며, 한 사람은 찰수(察帥)이다. 이도상(李島相)은 군기(軍器)를 검열하려고 원주(原州)로 갔는데, 사람을 시켜서 울릉도에서 군기를 만들게 한 지가 무릇 3년이 되었다"고 진술하였습니다.

무석국이 남해의 마도(麻島)나 두마도(杜麻島), 또는 서해의 신도(薪島)라는 의견이 대두되었으며, 평안도의 서해에 있다는 주장도 있었습니다.

그런데 이 사건의 주모자인 김동익의 친척이자 무신란 때 처형된 김증열(金曾悅)도 무석국에 머무르고 있다고 믿어졌는데, 이는 신승(神僧)의 안내에 의해 가능했다고 주장했습니다. 이 신승에 대해 사건 관련자들은 "그의 성(姓)은 위(魏)인데, 혹은 양(梁)으로 일컫기도 하며, 혹은 김석승(金碩僧)이라고 일컫기도 합니다. 혹은 그의 기도(祈禱)를 전하기도 하면서, 신(辛)이라고 자칭하기도 했는데, 필시 무신년의 역적 신조무(辛祖武)의 자손으로서 실은 도주(島主)의 스승입니다”라고 진술했습니다.

한편 이들 가운데 몇몇은 김동철의 아들 중열이 일본과 동래의 중간에 있는 무석국(無石國)이라는 섬을 정벌하였고, 현재 무석국 근처에 있는 마도(麻島) 또는 신도(薪島)라는 섬에서 군사를 양성하고 있다고 주장하기도 했습니다. 나아가 이들은 무신란의 주동자 가운데 한 사람인 정희량(鄭希亮)의 손자 함(醎)을 추대하여 6월 11일에 거사할 예정인데, 거사를 단행하기만 하면 전국에서 호응할 것이라고 주장하면서 사전에 관직을 배분하기도 했을 정도였습니다.

이러한 정씨 진인출현설은 앞에서 살펴보았던 영조 24년(1748)의 『도선비기』 사건이나 정조 9년(1785)의 『정감록비기』 사건과 비슷한 점이 있습니다. 이들 비결서에는 공통적으로 남해의 섬으로부터 정씨가 군사를 거느리고 육지에 상륙하여 새로운 왕조를 건설하는 일이 예정되어 있다고 믿어졌던 것입니다.

한편 이 사건의 또 다른 관련자인 김상규(金商圭)는 정씨 왕조가 이듬해인 정조 12년(1788)에 성립될 것으로 보았습니다. 김상규는 반란에 동원될 군사는 ‘칠수팔산(七水八山)’ 즉

각 도의 수군과 육군이라고 진술하였습니다. 나아가 그는 반란군의 복장에 대해 "왜병(倭兵)의 복색도 아니고, 조선병(朝鮮兵)의 복색도 아닌데, 빛깔은 모두 청색(靑色)이며, 머리에는 모두 관(冠)을 쓴다"고 말했습니다.

또 다른 사건 관련자인 김서달은 당시의 풍문에 근거하여 "청의(靑衣)가 남쪽에서부터 오는데, 왜인과 같지만 왜인은 아니다. (이때 피난지로는) 산도 이롭지 않고 물도 이롭지 않으며, 궁궁(弓弓)이 이롭다(궁궁은 坐의 古字이다)라고 했습니다"라고 진술하기도 했습니다.

현전하는 「무학비결」에는 "푸른 옷이 남쪽에서 오니, 중 같되 중이 아니구나"라는 구절이 있고, 「도선비결」에는 "푸른 옷을 입고 남쪽에서 오니, 오랑캐도 아니요 왜적도 아니다"라는 구절이 있고, 「서계이선생가장결」에는 "왜인 같으면서도 왜인은 아닌데 화친을 주장한다"는 구절이 있습니다.

그리고 김동철은 "소백산(小白山)에 한 파의 와주(窩主)가 있으니 바로 정극현(鄭克賢)으로 영남 사람입니다. 정극현의 숙부 정태장(鄭台長)이 충주와 제천 사이를 왕래하면서 도당을 모았는데, 그 우두머리 중의 이름은 비환(秘環)이며 정극현을 장수로 추대하였습니다"라고 했습니다. 또 김동철은 정진성이 "이 세상은 바로 정가(鄭)들의 세상이다. 너희들이 조선에 대한 충성심이 있기 때문에 때리는 것이다"라고 말했다고 진술했습니다. 이 사건에서도 해도진인(海島眞人)이라는 말이 전파되었습니다.

이러한 이야기는 영조 24년(1748)의 「도선비기」 사건과 공통되는 부분이 많습니다. 「도선비기」에서는 앞으로 일어날 변고에 대하여 "왜인 같지만 왜인이 아닌 것이 남쪽에서 올라오는데, 산도 아니고 물도 아닌 궁궁이 이롭다"는 내용이 적혀 있었습니다.

이에 대해 『정감록』 사건을 비롯한 당시 대부분의 내란음모사건에 영조 4년(1728)의 무신란 때 실패한 세력이 새로운 왕조의 주축으로 등장한다는 연구가 있습니다. 이러한 사실은 무신란이 진압된 지 60여 년이 지났지만, 그 후유증이 계속되고 있었다는 증거가 됩니다.

반란의 확산과 『정감록』

순조 초기의 반란음모사건과 진인출현설

순조 1년(1801) 4월에 강이천(姜彝天)은 여주(驪州)의 문벌(門閥)이었는데 천주교도인 김건순(金建淳)과 그의 친족인 김이백(金履白)과 교유하면서 해도설(海島說)과 관련된 요언(妖言)을 퍼뜨렸습니다. 그는 "바다 가운데 품자(品字) 모양을 닮은 섬이 있는데, 병마(兵馬)가 강장(强壯)하다." "바다 가운데에 진인이 있는데, 육임(六任)과 둔갑술을 알고 있다" 등의 말로 사람들을 선동하였습니다.

순조 1년 9월에는 경상도 하동의 두치장(斗峙場)에서 이진화(李鎭和) 등이 괘서(掛書)한 사건이 발생했습니다. 이 사건의 관련자 이호춘(李好春)의 죄상을 설명하면서 "(이호춘은)

점술과 둔갑술에 관한 책(奇遁之書)을 몰래 소장하였으며, 조금 나아진다거나 큰 난리가 닥친다는 등의 소문으로 인심을 놀라게 하고 현혹시켰다.…… '지나간 일로 증명하고 오는 일을 믿는다. (조선왕조의) 운이 다했으니, 기울어져 뒤집힌다' 등의 말을 멋대로 지껄여 인심을 선동하였으므로, 반역의 부도(不道)한 죄로 처리한다"고 했습니다.

순조 4년(1804) 9월에는 안악(安岳) 출신인 이달우(李達宇)와 장연(長淵) 출신인 장의강(張義綱) 등이 "고백령(古白翎)과 울릉도에서 병기를 만들고 군량미를 쌓아두고 있다"는 소문을 퍼뜨리고 사람을 모아 거사를 준비했습니다.

이달우는 불온한 내용의 네 글자의 말로 가사를 지어 민심을 선동시켰고, 장의강은 무리와 함께 도당을 불러 모아 날짜를 정해 거사하려고 했습니다. 이들은 궁궐로 쳐들어가 조정의 여러 신하 가운데 죽일 자는 죽이고, 쫓아낼 자는 쫓아낸다는 등 구체적인 거사계획을 세우기도 했습니다. 이 밖에도 관서비기(關西秘記)를 도성의 사대문에 내걸다는 말로 모의한 사람들이 체포된 일도 있었습니다.

홍경래의 난과 정씨 진인출현설

순조 11년(1811) 12월에 일어났던 홍경래(洪景來)의 난에서 정씨 진인출현설이 다시 고개를 들었습니다.

용강(龍岡)의 지사(地師) 홍경래(洪景來, 42세), 가산(嘉山)의 지사 우군칙(禹君則, 37세)·태천(泰川)의 김사용(金士用, 36세) 등이 핵심이 되었고, 이희저(李禧著)·김창시(金昌始)·홍총각(洪總角) 등이 모였습니다. 이들은 난을 일으키기 위해 무려 10여 년 동안 동조자를 규합하고 군비를 장만했습니다.

이들은 12월 20일을 거병일로 정했는데, 17일에 말을 타고 머리에 수건을 동여맨 광산 노동자들이 모여들어 소란하자 이 일이 선천부사 김익순(金益淳)에게 발각되어 탄로가 났습니다. 이에 주동자들은 거사일은 이틀 앞당겨 18일로 정했습니다.

그런데 이 사건의 주동자들은 하늘이 선천 가야동에서 진인(眞人)을 낼 것이라는 소문을 퍼뜨렸습니다. 당시에 이미 진인이 평안도에서 탄생하여 홍경래의 기병을 사실상 뒤에서 조종하고 있다는 소문도 있었습니다. 홍경래 난의 주요 인물인 김창시(金昌始)가 썼다고 전하는 격문에 다음과 같은 내용이 보입니다.

……그러나 다행히 세상을 건질 성인(聖人)이 청(천강 이)북 선천(宣川) 검산(劒山) 일월봉(日月峰) 아래 군왕포(君王浦) 위 가야동(伽倻洞) 홍의도(紅衣島)에서 태어나셨다. 태어나면서부터 신령함이 있었는데, 다섯 살 때 신승(神僧)을 따라 중국에 들어

갔다. 장성하여서는 (압록)강변(江界)의 (옛) 사군 땅인 여연(閭延)에 머물렀다. 그곳에서 5년 만에 황명(皇明)의 세신유족(世臣遺族)을 거느리게 되었으며, 철기(鐵騎) 10만으로 조선(東國)을 깨끗이 할 뜻을 가지게 되었다. [小田省悟의 『辛未洪景來亂の硏究』(1934)]

순조 12년(1812) 1월에 올린 평안병사의 상소문은 다음과 같습니다.

적도 7명을 잡았는데, 5명은 자백을 받아 효수(梟首)하였습니다. 또 송림(松林)의 백성 한지겸(韓志謙)을 잡아 조사했더니, 그 공초(供招)에 '적당(賊黨) 3백여 명이 이번 24일 밤에 이 동리로 와서 점거했고, 자칭 선봉이라는 자는 갑옷을 입고 장검을 지니고 말을 탔는데, 곧 곽산(郭山)에 사는 이름을 알지 못하는 홍가(洪)였으며, 26일 저녁에는 적괴(賊魁)로서 이른바 대원수라는 홍경래(洪景來)와 부원수 김창시(金昌始), 모사(謀士) 우군칙(禹君則)이 5백여 명의 군사를 이끌고 다복동(多福洞)에서 와 모였습니다. 우군칙은 본디 요술로 사람을 현혹시켰는데, 김창시와 더불어 말하기를, '대원수 홍경래의 다섯 형제는 모두 장재(將才)가 있는데, 두 사람은 선천(宣川)에서, 두 사람은 북도(北道)에서 기병(起兵)한다면 안주(安州)와 평양(平壤)을 차

레로 공격해 취할 수 있을 것이고, 또 호서(湖西)에서 기병하여 응하는 사람이 있을 것이다. 그리고 선천 가야동(伽倻洞)의 정가(鄭)는 다섯 살 때 해도(海島)에서 중국으로 들어갔는데, 능히 칼을 쓸 줄 아는데다 큰 뜻이 있어 망명한 자를 부르고 반도(叛徒)들을 받아들여 거의 수만 명에 이르는지라, 임신년 3월에 북도에서 서울로 들어가기로 했다' 고 하였습니다.……『순조실록』 순조 12년(1812) 1월 3일.

이듬해 정월 17일 이후 관군에 의해 여러 지역이 완전히 장악되고, 정주성이 관군에 의해 전면 포위된 상황에서 봉기군은 다른 지역의 원군을 기대하고 있었습니다. 당시 정주성 안에서는 홍경래가 북쪽에서 구원병이 곧 도착할 것이라고 이야기함으로써 성 안의 동요를 진정시키고 있었습니다.

도망친 자를 부르고 반역의 무리를 받아들인 것이 수만 명이나 되었으며, 북도로부터 입경할 계획을 가지고 있었다는 이야기는 격문에 보이는 정씨 성을 가진 성인이 실제인물이라는 추정을 더욱 강하게 만들었습니다. 이미 40여 년 전부터 압록강 월변에는 이른바 망반인(亡叛人) 7천 내지 8천 명이 이만평(利滿坪)에 모여 살고 있었다는 기록이 전하기 때문입니다.

홍경래는 순조 12년(1812) 4월 19일 관군에 의해 정주성이 함락할 때 전사하였으며, 정부는 그를 '군대를 일으켜 반역한 우두머리(擧兵逆魁)'로 인식했습니다. 그러나 민중들은 그를 저항과 변혁의 상징으로 인식하였기 때문에, 홍경래가 정주성 전투 때 죽지 않고 하늘을 날아서 성을 빠져나갔다는 소문이 퍼지기도 했습니다. 또한 후대에도 많은 사람들이 홍경래가 살아있다고 주장하면서 민중봉기를 선동하는 데 이용했습니다.

당시 반란군은 정주성 안에서 과거를 시행했으며, 관군을 여국(汝國)이라고 호칭하였습니다. 여국은 아국을 전제로 한 호칭이므로 나름대로 국가체제를 상정하고 거병했음을 알 수 있습니다.

관군과 4개월간 항상 우위에 서서 전투를 벌였고, 성이 폭파된 후 아녀자를 제외한 2천여 명에 가까운 봉기군이 전부 참수되고 이틀간 불태워졌습니다.

그리고 순조 12년(1812) 4월에는 진인이 여연군(閭延郡)에서 몰래 철기(鐵騎)를 기르고 있다는 이야기가 널리 퍼져 있었음이 확인됩니다. 따라서 김창시가 지었다는 격문에 보이는 진인출현설은 당시 서북지방 일대에 광범위하게 유포되었을 것으로 짐작됩니다.

이진채의 역모사건과 『정감록』

순조 12년(1812) 3월에 일어났던 이진채(李振采)의 역모사건에서도 사건 관련자들이 비결을 인용했습니다. 종친 인(裀)의 맏아들이 군왕이 되고, 둘째아들은 병조판서 겸 훈장이 되어 선봉이 되며, 이진채는 스스로 독상(獨相) 10을 한다는 계획이었으며, 각 영의 장신(將臣)과 상신(相臣)을 모두 무해한다는 내용이었습니다. 이들은 군병의 총수는 4천 명인데, 이 가운데 3백 명은 성 안에 있고, 이진채의 집에서 기른 포수 5백여 명이 핵심이라고 주장했습니다.

나아가 이들은 나라의 운수가 40여 년 남았는데, 중인과 서얼세력이 이때 거사하여 입국하되 서북지방의 봉기군의 세력이 커지면 공주의 쌍수산성으로 이어하거나 도읍을 안동으로 옮긴다는 구체적인 계획도 가지고 있었습니다.

『정감록』이 언급되는 진술을 살펴보겠습니다.

이원박이 (박)종일을 향해 말했다.……계룡산의 돌이 희어지고, 초포(草浦)에 조수가 들어온다는 이야기를 네가 나와 함께 주고받지 않았느냐?……(이)원박이 답하기를 "과연 그랬다"라 했다. 정묘년 이전에 내가 너의 집에 가서 머무를 때, 참서 이야기를 주고받은 적이 있었는데, 『정감록』에 이르기를 '우리나라에 장차 여러 해 동안 전쟁과 화재가 있을 것이며, 나라가 셋으로 쪼

개진다’ 등의 말을 했다. 그러므로 내가 “(그렇다면) 우리나라에 장차 거처할 곳은 어디인가?”라고 물었더니, 원박이 “안동에 사십년 동안 살면 될 것이다”라고 대답했다. 「임신 죄인 진채 등 추안 (곤)」 3월 초 2일.

이러한 진인의 활동과 관련하여 사건 관련자인 이진채(李振采)는 서울과 시골에 출몰하면서 “2만 석의 군량미를 쌓아두었다”, “진신(搢神)의 집에 화구(火具)를 몰래 묻어두었다”, “심수(沁囚)를 업고 바다를 건너도 빠지지 않는다”, “묘일(卯日)에 거사하기로 기약했다” 등의 말을 전파시키면서 인심을 선동하였습니다. 당시 이진채는 참위(讖緯)의 글을 이용하여 거사일을 정했다고 합니다.

김연수의 결안(結案)에 그가 “인천 부평은 배를 대었으니, 국도(國都)를 옮김이 마땅하고, 남중(南中)의 병화(兵火)는 왜인 것 같기도 하고 아닌 것 같기도 하다. 혜성이 남쪽으로 옮겨가니 2월에 불로 공격하고 3월에 기병한다”는 설을 유포했다고 합니다. 이 진술은 이미 앞에서 살펴본 바와 같이 현전하는 『정감록』에 보이는 내용입니다.

또한 이들은 “난리가 일어날 때에는 서울이 화공(火攻)을 입는데, 인(천)과 부(천) 사이에 천 척의 배가 이르고, 남쪽 지방에 전쟁이 일어난다”고 말하면서 공포분위기를 조성했다고 합니다.

백태진 사건과 해도진인설

순조 13년(1813) 7월에 일어났던 백태진(白泰鎭) 사건에도 해도진인설이 등장했습니다. 백태진은 평안도 삼등현에서 출생하여 평양에서 성장한 천민(賤民)으로서 진주병사(晉州兵使) 이회식(李晦植)의 막비(幕裨)였습니다. 백태진은 방기(方技)에 능했으며, 성주에 살던 이술(異術)을 부릴 줄 안다는 백동원(白東源)을 진주로 불러 이회식으로 하여금 신사(神師)로 대접하게 했습니다.

백태진과 백동원은 이회식에게 "일찍이 해도(海島)를 왕래할 때 도적의 괴수들이 모여 있는 것을 보았다"고 말하기도 했습니다. 이들은 해도는 연도(蓮島)이며, 도적들은 신병(神兵)이라고 주장했습니다. 또 백태진이 운문산(雲門山)에서 백동원을 만났을 때 "어떤 사람이 제주(濟州)를 공격하여 점령할 계획에 관하여 물었다"고 진술하였습니다. 그 외에도 백동원은 자신의 팔뚝에

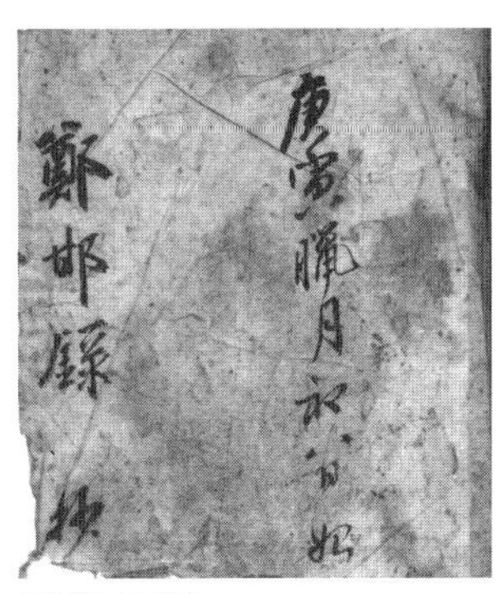

『정감록』 필사본
내제는 심감록. 경인 납월 초팔일에 필사했다는 기록이 보인다. 유정수 소장본.

있는 일곱 개의 사마귀를 가리키면서 "이것은 개국 정승이
될 조짐이라"고 말했습니다.

또한 그들은 해도海島)가 석도(石島)라고 말했으며, 백동원
은 개국(開國)으로 연결될 큰 난리가 3월에 일어난다고 보았
고, 진인(眞人)의 무리들이 우리나라 본토를 공략하기에 앞서
서 제주도를 공격한다고 믿었습니다.

채수영 사건과 홍경래불사설

순조 17년(1817) 3월에는 장수(長水) 출신의 행상(行商) 채수
영(蔡壽永)이 안유겸(安有謙) 등과 함께 "황해도에서 배가 내려
온다", "홍경래가 살아있다"는 등의 말을 퍼뜨렸습니다. 이들
은 전라감영→충청감영→서울로의 공격로를 정하고, 입성한
후에는 "여러 신하들을 죽이고 강화(江華) 죄인을 모셔와 큰일
을 일으키려 한다", "만일 거사가 실패하면 고군산열도(古群
山列島)를 통해 제주도로 들어가, 대마도(對馬島)에 청병(請兵)
하겠다"는 등의 말을 퍼뜨리면서 민심을 선동했습니다.

이 사건은 당시 충청도 지방에서 활동하던 명화적(明火賊)
이었던 장응팔(張應八)과 권훈(權壎) 등과도 연결되었습니다.

김재묵의 해도기병설

순조 19년(1819) 7월에는 관노(官奴) 출신인 김재묵(金在默)

이 "전화(錢貨)를 마련하여 해도(海島)에서 군병(軍兵)을 일으킬 계획을 짜놓았으며, 김노신(金魯信)을 도원수(都元帥)로 삼고 장수가 80명이며 병사가 10명이 있다"는 내용의 문건을 화성(華城) 성문에 걸어놓은 사건이 일어났습니다. 김재묵이 김노신이라는 가공인물을 해도기병설의 주체인 진인으로 내세워 민심을 선동한 사건이었습니다.

김치규 사건과 참서

순조 26년(1826) 5월에 청주성 북문에 2장의 흉서를 내걸었던 김치규(金致奎)를 심문하였습니다. 그는 본래 관서(關西) 중화(中和) 사람인데, 전해 내려오는 요참(妖讖)을 답습하고 허황된 이름을 날조하여 혹은 성인(聖人)이니 도사(道士)니 하고, 혹은 장군이니 원수(元帥)니 하였으며, 혹은 강화도 안에 있다고 하고, 혹은 태백산 아래에 산다고 하며, 혹은 홍경래의 여러 도적들이 죽지 않았다고 하고, 혹은 제수도에서 모이기로 기약했다고 하면서 황당한 말을 전파하여 소란스럽게 선동 유혹하였습니다.

이때 진천 사람 이창곤(李昌坤)도 김치규와 연계된 죄로 잡혔는데, 그는 나무에 새긴 도장과 파자점으로 사람들을 현혹시켰다고 합니다. 이 사건을 수사하는 과정에서 이름을 밝히지 않은 '요참(妖讖)의 책자'가 수거되었습니다.

이에 대해 우의정 심상규는 "예전부터 화변(禍變)을 즐기는 무리들이 선동하는 데 빙자한 것이 감록(勘錄) 등의 요참을 전래된 비결로 여겼다"고 규정하고, 이들을 엄히 처벌할 것을 주청했습니다.

김치규와 이창곤(李昌坤) 등이 『정감록』을 이용하여 해도기병설을 유포하였다는 진술기록이 있습니다. 이들은 "황해가 다시 맑아지고 동해에 아지랑이가 피어오르면 성인(聖人)이 나올 것이다"라는 말을 퍼뜨렸다고 합니다. 또 이들은 "태백산 아래에 사는 정희조(鄭喜祚)는 지혜와 용기를 겸비하여 장수가 되었다"는 소문을 내서 민심을 선동했는데, 이 소문은 정희조가 철관대장(鐵冠大將)과 태백신장(太白神將)을 겸하고 있다는 주장으로 확대되었습니다.

이 밖에도 김치규 등은 "홍경래와 이희저(李禧著)가 서쪽에서 제주도로 들어갔다", "홍경래와 우군칙(禹君則)이 제주에 모여 있다" 등의 말도 유포시켰습니다. 이것은 이른바 '홍경래불사설'과 '제주난리설'로 요약되는 '남방기병설'을 괘서 등의 형태로 퍼뜨린 사건으로, 충청도 일대에 적지 않은 파문을 일으켰습니다. 홍경래의 난이 진압된 지 10년이 지나도 그가 살아있다고 믿었던 사람들이 있었을 정도였던 것입니다.

정상채 사건과 해도진인설

순조 26년(1826) 10월에 충청도 청주에서 검거된 정상채(鄭尙采), 박형서(朴亨瑞), 이규여(李奎汝), 신수량(申秀亮) 등은 홍경래와 관련된 해도진인설을 주장했습니다.

정상채 사건의 또 다른 관련자인 오한경(吳漢京)은 "진인이 백로(白鷺)를 변화시켜 호랑이를 만든다"고 진술하기도 했습니다. 이 외에도 정상채, 박형서, 오한경 등은 "세월이 백룡을 만나면 사람은 어디로 가며, 해가 뱀 꼬리를 만나면 반드시 흉악한 무리가 잔멸될 것이다(歲遇白龍人何去, 年逢蛇尾必凶殘)"라는 시를 서로 전하면서 조선왕조의 멸망이 박두하였다는 이야기를 은밀히 퍼뜨렸다고 합니다.

정상채 등이 전했다는 이 시는 현전하는 「오백론사비기(五百論史秘記)」의 첫 문장에 나오는 "해가 백호를 만났으니 사람은 어디로 갈 것인가? 만일 뱀의 꼬리를 잡았다가는 틀림없이 흉할 것이다(歲遇白虎人何去, 若探蛇尾心殘凶)"라는 시와 거의 비슷합니다. 백룡은 경진년(庚辰年)을 뜻하는데, 백호는 경인년(庚寅年)을 가리키는 것이 다를 뿐입니다.

정상채는 의술과 풍수 등을 생업으로 삼았으며 『환묘문(幻妙門)』과 같은 비기를 이용하여 호풍환우(呼風喚雨)하는 신이한 술책을 지닌 인물로 알려졌는데, "홍경래는 죽지 않았다", "병화가 해도에서 일어날 것인데, 진인은 홍하도(紅霞

島)에 있으며, 이름은 정재룡(鄭在龍)이다”, “도당(徒黨)을 모아서 명첩(名帖)을 도중(島中)에 써서 보냈다”, “군복을 마련하기 위하여 면포를 사왔다”, “혜성이 자주 나타나고 있으며, 천구(天狗)가 은하(銀河)를 범했다” 등의 내용을 진술했습니다.

이 밖에도 이들은 ‘남적출현설(南賊出現說)’과 ‘복주파천설(福州播遷說)’을 내세우기도 했습니다. 박형서는 검거되어 있던 상태에도 청주관장에게 투서했는데, ‘홍경래불사설’, ‘소선풍(小旋風)’, ‘대야야(大爺爺)’, ‘외원병(外援兵)’ 등의 와언(訛言)이 들어 있었다고 합니다.

그리고 정상채는 진인을 보좌할 인물로 ‘배가장(裵哥將)’과 ‘변가상(卞哥相)’을 설정하기도 했습니다. 현전하는 「감결」에 “계룡산에 나라를 세우면 변씨 성을 가진 정승과 배씨 성을 가진 장수가 개국 일등공신이 되고”라는 구절이 있습니다.

철종 대의 반란사건

철종 4년(1853) 11월에는 경북 영양현에 살던 정우룡과 그의 아들 정자성이 환술(幻術)을 믿고 흉계를 내어 도당을 불러 모으고 거사할 것을 기약했으며, 울릉도의 도적들과 합세하기로 했다는 혐의로 체포되었습니다.

이처럼 『정감록』은 18세기 이후에 발생한 많은 변란에서 그 사건을 반체제 성향으로 추동해가는 하나의 사상체계 역할을 수행하였습니다. 『정감록』이 이처럼 각종 변란(變亂)에 이용될 수 있었던 것은, 그 자체에 '현실부정과 새로운 세계의 구현'이라는 혁명적 논리가 담겨져 있기 때문입니다.

이러한 논리는 "진인이 해도에서 군사를 이끌고 나와 현재의 왕조를 무너뜨리고 새로운 왕조인 이상사회를 건설한다"는 이른바 '해도기병설'에 응축되어 있으며, 이것은 변란의 강력한 이념으로 기능하였습니다. 이와 관련하여 진인의 실체가 해도에 숨어 있던 저항집단과 그 집단의 우두머리를 상징적으로 그려낸 것으로 본 연구가 있습니다.

근대 이후의 『정감록』

동학의 진인출현설

고종 31년(1894) 동학군(東學軍)은 옛날부터 전해오던 궁을(弓乙)과 진인(眞人)사상을 동학군의 전쟁의욕을 북돋우기 위해 사용했습니다. 동학군의 우두머리였던 전봉준은 동학군들 사이에서 진인으로 믿어지기도 했습니다.

한편 최수정은 수운(水雲) 최제우가 「필법(筆法)」에서 "상오국지목국(象吾國之木局)하니 수불실어삼절(數不失於三絶)"이라고 말한 것이 바로 교운(敎運)이나 국운(國運)을 삼절관(三絶觀)으로 보았던 명백한 증거라고 주장하면서, 이러한 사상은 이씨 왕조의 국운이 세 번 끊긴다는 『정감록』의 영향이라고 평하기도 했습니다.

남조선신앙과 『정감록』

『정감록』의 기본적인 이야기 구조는 남(南), 남해(南海), 남도(南島), 남해도(南海島)에서 진인이 출현하리라는 것입니다. 그렇지만 남조선(南朝鮮)이라는 용어는 나오지 않습니다. 다만 『정감록』에 피난처로 언급되고 있는 십승지(十勝地)가 주로 남쪽 조선에 있다는 점과 관련지어 남조선이라는 의미가 상정될 가능성은 충분하다고 봅니다.

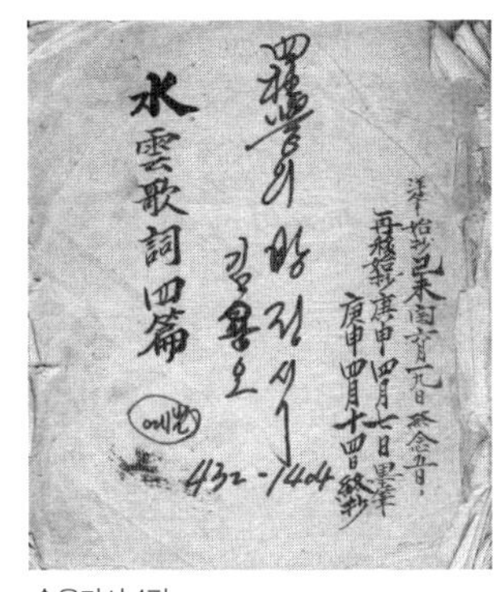

수운가사 4편
「삼연경세가」「궁을전전가」「삼경대명가」「사구년설법가」가 수록되어 있다. 필사본. 33장. 1980년 4월 서울 중곡동 태광철학관에서 소장된 것을 보았다.

어쨌든 여러 비결서의 글귀에서 유추된 다양한 믿음들이 복합적으로 작용하여 기록상으로 남조선신앙의 실체가 확인되는 사건은 농학도(東學徒)와 관련됩니다. 동학혁명이 일어나기 직전인 1893년경에 무장(茂長), 영광(靈光), 정읍(井邑) 등지에 거주하는 몇몇 동학도들이 계룡산에 개국할 천명(天命)을 받았다고 주장했습니다. 이들은 정부 관료조직을 본떠 독자적인 관직을 임명했고, 무기와 화약을 구해 무장봉기를 준비하는 일을 꾸미기도 했습니다. 이러한 내용을 알려주는 문서에 그들이 "명산대천에 가서 남조선(南朝鮮) 정씨(鄭氏)

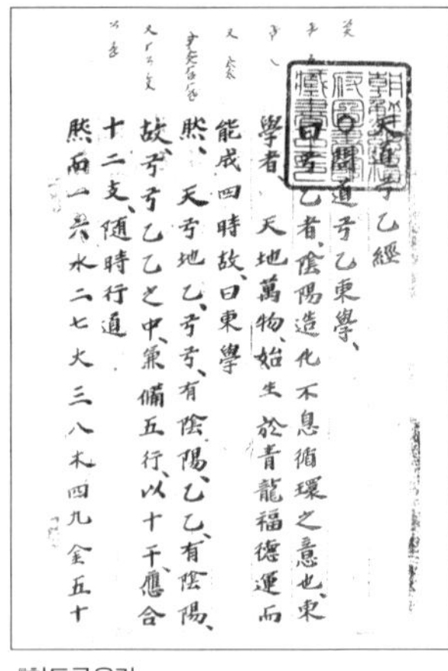

『천도궁을경』

를 위해 하늘에 제사를 지냈다”는 기록이 보입니다.

또한 동학군을 이끈 주요 인물 가운데 한 사람인 김개남(金開南)의 원래 이름은 김기범이었는데, 꿈에 신인(神人)이 나타나 그의 손에 ‘개남(開南)’이라는 두 글자를 써주었기 때문에 개명했다고 합니다. 개남(開南)은 “남조선을 개벽(開闢)한다”는 뜻이라고 전합니다.

고종 31년(1894) 9월의 동학군 2차 봉기 때 김개남은 비결서의 “남원에 49일간 머물러야 된다”는 이야기를 믿고 주력부대인 전봉준군과 합류하지 않고 부대를 움직이지 않았을 정도로 비결신앙에 심취했던 인물이었습니다. 아마도 그는 “남(南)에서 진인(眞人)이 출현한다”는 비결을 자신에게 맞추어 해석했을 것이며, 당시에는 이러한 이야기가 상당한 설득력을 가지고 널리 알려지고 믿어졌다고 여겨집니다.

이 밖에도 고종 31년(1894) 5월 초의 공초기록에 “동도대장군(東道大將軍) 이씨(李氏)가 남조선에서 나왔다”고 주장하는 내용이 보입니다. 여기서 동도대장군은 동장사(童壯士) 이

복용(李福用)인데, 그는 천문지리에 통달한 조화를 부리는 인물로 알려졌습니다. 그리고 고종 32년(1895) 음력 정월 해주부(海州府)를 공략하려던 동학군은 "해도중(海島中) 실정(實鄭)"이 즉위할 것이라고 믿었다고 합니다.

또 대한제국 4년(1900) 4월경 소백산맥 동쪽지역에서도 반외세 운동조직을 정비하고 전략수립과정에서 체포된 인물들이 있었는데, 당시 이들이 가지고 있던 대장기의 가장 윗부분에 남조선(南朝鮮)이라고 적혀 있었습니다.

한편 작자와 간행 연대가 미상인 『계압만록(雞鴨漫錄)』에는 "남조선은 남해의 가운데 제주도 밖에 있는 지역으로, 매우 크고 토지가 기름져 살만한 곳인데, 언제 점유되었는지는 알지 못한다. 연일(延日) 정씨(鄭氏)의 후예들이 들어가 살면서 무리를 불러 모아, 대사(大事)를 경영하고 있다. 이는 곧 후일 계룡산으로 도읍을 옮길 조짐이라고 한다. 이 일이 있은 지는 백 년이 되었나"라고 석혀 있습니다.

여기에는 남조선 사람들이 모두 영민하고 준수하며, 모든 기계가 갖추어졌을 뿐만 아니라, 이 해도 스스로 국도를 이루고 있다고 설명됩니다. 즉 하나의 이상사회로서의 '남조선왕국'이 그려지고 있는 것입니다.

제주도 남학당 사건과 『정감록』

대한제국 2년(1898)에 발생한 제주도 농민항쟁 때에도 해도기병설이 이용되었습니다. 화전민들로 이루어진 남학당(南學黨)을 이끌며 항쟁을 주도한 방칠성(房星七)은 "제주는 방성(房星) 분야이며, 나의 성씨가 방(房)이므로 서로 부합된다. 그리고 비기에 '방씨(房氏)와 두씨(杜氏) 장군'이라는 표현이 있는데, 이 또한 나의 성과 부합되니, 이것이 하늘의 뜻이 아닌가? 지금 국운이 이미 쇠퇴하여 진인이 마땅히 해도에서 나올 것이니, 이 기회를 잃을 수 없다"고 주장하여 민심을 선동하여 봉기의 정당성을 확보하고자 노력했습니다.

현전하는 「감결」에 "계룡산에 나라를 세우면……방성(房姓)과 우가(牛)가 손발같이 일하리라"라는 구절이 있으며, 「토정가장결」에 "전읍(奠邑)이 바다 섬의 군사를 이끌고 방성(方姓)과 두성(杜姓)의 장수와 함께 갑오년 섣달에 즉시 금강을 건너면, 다시 천운이 커질 것이다"는 내용이 보입니다.

근대 신문에 보이는 『정감록』 관련 기사

1899년 12월에 "풍수산명(風水算命)과 참결비기(讖訣秘記) 등의 서(書)가 분문열호(分門裂戶)하고……인심을 현혹하고 세도(世道)를 저약(底弱)하기에 이르렀다. 재산을 탕진하고 돌아간 사람이 십중팔구로되 깨닫지 못하고 패가망신하고 일생을 허비한다. 도당이 번성하여 동학(東學)을 제시함에 정감록을 믿어 궁궁을을가라 칭하고 인심을 소란케 하고 사처에 창궐하여 나라를 소요케 한다.······애가(愛家), 애신심(愛身心)보다는 애국심을 발휘하라"는 논설이 있습니다.

1907년에는 '과천농부'라는 사람이 투서한 "정감록에 이른바 '부귀자는 사(死)한다, 빈천자는 성한다' 하였으니"라는 내용이 보입니다.

1908년에 신문 사설에도 "국가의 운수를 정감록, 토정비결로 믿는 여러 가지 어리석은 일이니······"라는 내용이 보입니다.

1908년 11월에는 어느 독자가 투고한 "정감록의 헛된 말로 패망한 이 많건마는 십승지지 찾는 자가 지금에도 허다하니, 한 쪽 휴지 정감록이 수다 일인(日人) 막아낼까, 그 사상도 어리석다.······부강국이 되려 하면 마음부터 고칠지니······실지사업 힘을 써서······"라는 내용이 확인됩니다.

신한민보 1910년 10월의 기사에는 일본인들이 『정감록』을 가지고 어리석은 우리나라 사람을 미혹케 한다는 내용이 실려 있습니다. 당시 일본인들은 "성세추팔월(聖世秋八月) 인부간야박천소(仁富間夜泊千艘) 시사가지(時事可知)"라는 구절을 "일본 함대가 공자(孔子)가 태어난 경술년 8월 21일에 인천과 부평 사이에 들어왔고, 그 이튿날 한일합병이 단행되었다"라고 풀이했다고 합니다.

또 "가정삼년(假政三年) 진인출자해도중(眞人出自海島中)"을 "황제의 정사를 일본인 통감이 대신하고, 진인은 바다에서 온 일본을 뜻한다"고 풀었습니다. 나아가 계룡산에 있는 비석에 새겨졌다는 "방부인과(方夫人戈) 구혹다화(口或多禾)"는 "경술국이(庚戌國移)"를 파자한 것으로 "경술년에 나라가 옮겨진다"고 풀이했다고 합니다.

나아가 일본인들은 종묘 대문 현판에 새겨진 창엽문(倉葉門)이라는 글자를 파자로 풀이하여, 창(倉)은 팔군(八君)으로 엽(葉)은 20세목(卄木)으로 해석하고 잎사귀 엽(葉)은 나무 목(木)의 자(子)이므로 "조선왕조는 28대의 군왕의 위패를 모시고 봉사(奉祀)하는 것으로 끝이 난다"고 풀이했습니다. 따라서 일본인들은 조선왕조가 망한 것은 모두 정해진 운수라고 선전했던 것입니다.

당시 신문은 이러한 풍문이 널리 유포되고 있었다는 사실을 전해주고 있으며, 이러한 억지 풀이는 일본인들이 우리나라 사람들의 기를 꺾기 위해 의도적으로 유포시켰다는 점을 명확히 밝히고 있는 것입니다.

1915년 5월에는 영남 지역의 부자들에게 『정감록』을 이용한 협박장을 보내 공갈 편취한 민충식이 검거되었습니다.

1921년 5월에는 계룡산 신도안 지역에 이주민이 늘어나고 있다는 보고가 있습니다. 장래에 정씨가 신도안에 도읍을 정하고 조선을 다스릴 것이며, 특히 계룡산 신도안은 십승지 가운데 하나이므로 큰 난리를 면할 수 있다고 합니다. 신도안에 도읍을 정할 시기가 다가왔다고 믿었던 사람들이 전국에서 무려 2,560명이나 모여들었고, 황해도에서 오는 사람이 가장 많았다고 합니다.

한편 1922년 2월에는 계룡산 아래에서 독립운동을 빙자하고 군자금을 마련하던 사람도 있었는데, 남원에 살던 그를 조사한 결과 「통치우주삼십육선교서(統治宇宙三十六仙敎書)」라는 문서가 발견되었습니다. 그는 삼십육선교의 신자가 되면 바람을 일으키고 비를 오게 하며 나라를 다스리고 세상을 구제한다고 주장했다고 합니다.

1922년 당시 교도가 수십만 명으로 폭발적인 교세 확장을 보이던 태을교(太乙敎)는 다가오는 갑자년인 1924년 4월에 계룡산에서 교주인 차경석이 차황제(車皇帝)로 등극한다고 선전했습니다.

그리고 이 무렵 계룡산 지역에 자리를 잡고 있던 시천교(侍天敎)도 시천교의

『정감록』
총 65면. 필사본. 싸인펜으로 씌여 있다. 유정수 소장본.

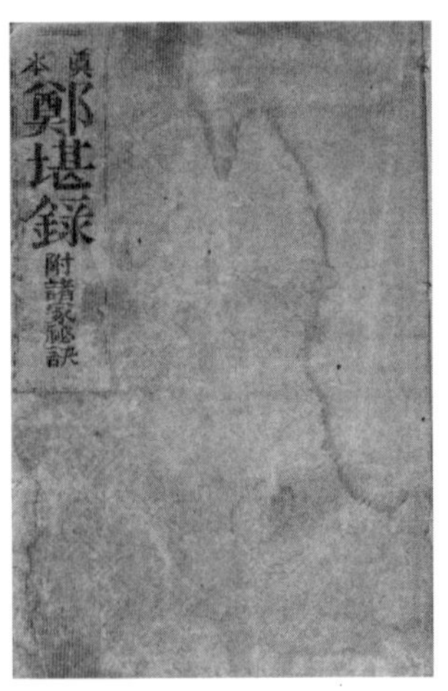

이문당 판 『정감록』
총 70쪽. 대정 12년(1923년) 발행. 편집 겸 발
행인은 나가다 멘치오

본부 건물인 영당(靈堂)이 이씨 5백 년이 지난 후 정씨 5만 년 새 도읍의 중심이 될 것이라고 주장했습니다. 특히 교주 김연국은 금강산에서 1만 2천봉에 산제(山祭)를 지내고 있었는데, 신도들은 그가 105일 동안 기도하여 조선의 독립을 위해 산신의 힘을 빌리고 있는 것이라고 믿었습니다. 시천교에서는 앞으로 조선은 3일, 동양은 3달, 세계는 3년 동안 시천교가 전파될 것이며, 다가오는 갑자년에 조선은 독립하여 세계 일등국이 될 것이라고 강조했습니다.

이외에도 서울 서대문에서 계룡산에 신도읍이 건설될 것이라고 말하며 사기를 치고 다니는 사람도 있었습니다. 또 백백교도(白白敎徒)들도 계룡산에 황제가 나타난다는 말로 교도를 모집했습니다.

1923년 3월에는 『정감록』의 신간이 나왔다는 소개가 있습니다. 1923년 4월에는 『정감록』을 발행한 돈벌이꾼들이 광고까지 하면서 야단법석이라는 비판적 기고문이 있습니다. 이

는 자가의 세력을 유지, 확장
하려는 술책이며, 일본이 유
신하고 중국이 혁명하는 때
에 유독 조선 민중만 허황한
전설에 매여 있는 결정적 증
거라고 주장하였습니다. 그
리고 이와 관련하여 『정감록』
류의 미신을 타파하자는 주
장도 있었습니다.

1923년 12월에는 조선 태
조가 사흘 동안 대궐을 짓기

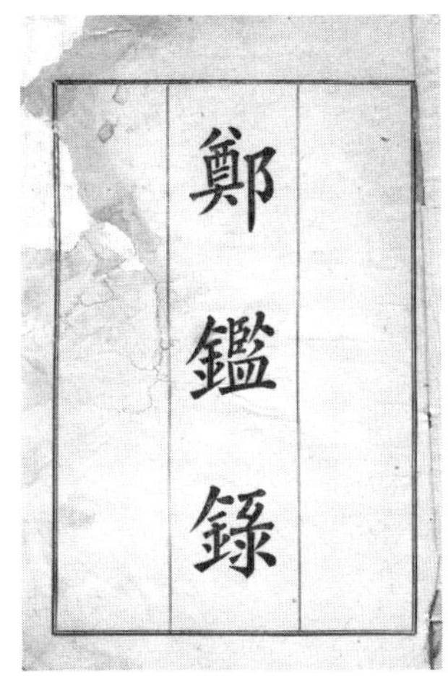

한성도서 판 『정감록』
1923년 김용주가 발행한 것으로 가장 많은
비결이 실려 있는 판본이다.

위해 역사하다가 계룡산 할머니의 말을 듣고 그쳤다는 전설
이 전해지는 주춧돌 터가 있는 신도안에 정도령을 기다리는
사람들이 많다는 기사가 보입니다.

1925년 7월에는 "병인년 4월에 성철통(鄭鐵統)이 계룡산에
서 등극할 것"인데 정철통이 바로 정도령이라고 주장하며 자
기 이름이 바로 정철통이라고 개명한 무극대도 단주의 참어
(讖語)가 있었습니다.

1929년 4월에는 정도령이 하강하여 사람들의 질병을 고쳐
주고 길흉화복을 가려준다는 말을 유포하며 사기를 치던, 자
칭 정도령인 평양 출신의 정중례라는 천리교 입교자가 체포

된 일도 있었습니다.

1926년 5월에는 서울 종로에서 김종태라는 사람이 『정감록』을 팔고 엉터리 사기행각을 벌였는데, 정도령을 정도령(正道靈)으로 취음(取音)하여 대동아 화평통일을 위한 천인제국부흥동맹(天人帝國復興同盟)을 결성한다고 주장했다고 합니다. 이들은 철원군 산중에 천안궁을 건설하기도 했던 일파라고 합니다.

1928년 2월에 발행된 잡지에서는 "『정감록』은 군주나 귀족 등 특권계급이나 영웅호걸 등 특수 인물이 자기의 지위와 세력을 공고히 확장할 야심으로 만드는 참서와 비기이다"라고 주장했고, 개성의 사대부 계층이 인삼장사를 한 것을 경계하여 양반들이 아무 일도 안 하고 국가와 사회에 해독과 폐해를 끼치는 일이 정감록에 반영되었다고 주장했습니다.

그 후 몇 년이 지나고 나서도 계룡산에서 춘분일에 노인성(老人星)을 보는 사람은 수명이 장수한다는 설이 유포되었으며, 계룡산에서 교주가 등극할 것이라고 믿는 보천교(普天敎)와 만인교(萬人敎) 사이에 맹렬한 경쟁이 있었다고 합니다. 급기야 1929년 7월에는 보천교 교주 차경석의 기사년 천자(天子) 등극설을 믿다가 가산을 탕진하고 거지가 된 사람들이 속출하고 있다는 기사가 있습니다. 그리고 평안북도 강계군 회천에 살던 사람이 천리를 멀다 않고 차천자(車天子)를 찾아

갔다가 재산만 없애고 정감록을 못 믿겠다고 장탄 후회했다는 기사도 보입니다.

또 청림교도 『정감록』을 교도 모집에 이용했습니다.

1931년 4월 평안남도 덕천군 맹산에서 1930년 무렵에 소위 정도령교가 생겼다는 보고가 있습니다. 정도령교는 1927년경에 보천교에 입교했던 정읍 사람 박경화가 조직했던 것인데, 정도령이 전라도 자하동 도중(島中)에서 왕도(王道)를 닦고 있는데 곧 계룡산에 도읍한다고 주장하며 신도들은 모두 고관대작이 될 것이라고 강조했다고 합니다.

이밖에도 계룡산에서 초고(草鼓)를 만들어 세계의 정세를 재판한다는 교단도 있었습니다.

1932년 1월에는 전남 구례에서 정도령 등극설에 속아서 가산을 탕진한 사람에 대한 기사가 실려 있습니다. 그는 1923년경에 정도령이 출입천하(出入天下)한 다음에 30여 명의 제자들이 각국에 있는데, 그를 새로운 세상에 자기 성씨인 박씨의 시조로 만들어주겠다는 권유자의 말에 유혹되어

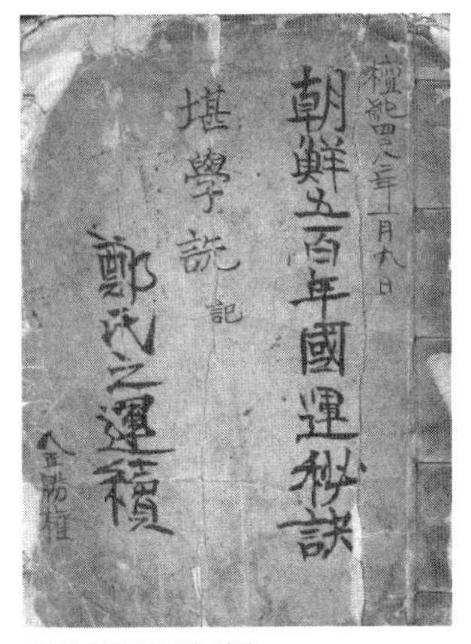

『조선 오백 년 국운 비결』
필사본. 중간에 낙장이 있음. 표지에 단기 4282년(1949년) 1월 9일에 발행했다고 적혀 있다. 유정수 소장본.

『정감록에 대한 사회학적 고찰』
1948년 발행. 저자는 최수정.

가산을 날렸다고 합니다. 더욱이 그는 곧 난리가 나니 양식을 준비해야 한다는 말을 믿고 곡식을 쌓아두었다가 낭비했던 일이 있었고, 하동에서 정도령의 결혼식이 열린다는 말에 상당한 금액의 축의금을 주기도 했다고 합니다.

1936년 3월에는 『정감록』을 유언비어로 세상을 미혹하고 민중을 기만하는 책이라고 규정한 연재물이 있습니다. 이 기사에서 정감록은 자기 위안책으로 작성된 것이며, 정치적 격변기나 변동기에 우국지사의 분심으로 국사를 도모한 것이라고 강조했습니다. 이 연재물에서는 『정감록』에 등장하는 정감은 중국 송나라의 유명한 예언가이며, 이심은 이태조의 친부(親父)라고 주장했습니다. 또 방부인과(方夫人戈) 구혹다화(口或多禾) 즉 경술국이(庚戌國移)로 풀이되는 예언은 33년 전인 1903년 무렵부터 유포되었으며, 대정(大正) 6년(1917) 9월에 정씨가 등극한다는 설이 있었다고 보고합니다. 나아가 논산군 아래에 초개 즉 초포(草浦)라는 지명이 있는데, 이곳에 배가 다니면 계룡산이 왕도(王都)가 된다는 소문도 있었다고 적고 있습니다. 또 당시 상제교(上帝敎)의 교도는 수만 명이었는데 교주 김연국이 계룡산에서 갑자년 갑자월 갑자시에 등극한다는 설을 믿고 30만 명의 대중이 몰려들었다고 보고하였습니다.

그 후 세월이 흘러도 여전히 계룡산 유역에는 새 세상을 꿈꾸는 무리들이 몰려들었습니다.

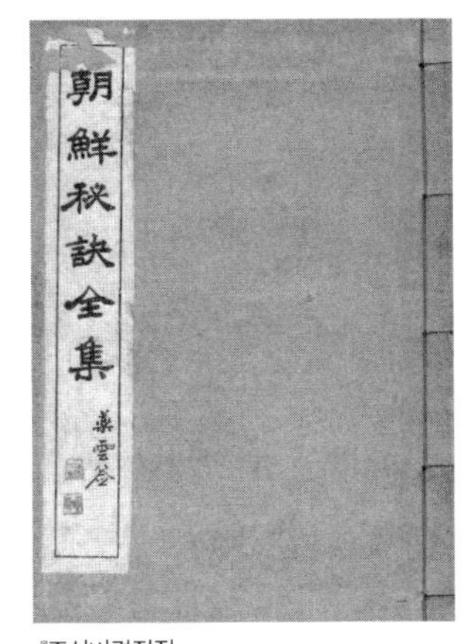

『조선비결전집』
1966년 발행.

1949년 12월에는 전라북도에 상투를 튼 장발쟁이들 8천여 명이 "남북통일이 『정감록』에 의해서만 해결된다"고 맹신하고 있다는 기사가 보입니다.

1950년 8월에는 『성삼록』의 '가정(假政) 3년'이 미군정기간이 아니었을까 라고 풀이하고 진인(眞人)이 출어해도중(出於海島中)을 기대한다는 기사도 있습니다.

3장

『정감록』에 대한 비판

현세도피적, 현실부정적 예언서

『정감록』은 선조(宣祖) 때 겪었던 민족사 최대의 위기였던 임진왜란과 인조(仁祖) 때 발생했던 병자호란의 참담했던 경험을 일정하게 반영하고 있습니다. 우리 민족의 생존권이 근본적으로 위협받았던 위기감과 전쟁에 대한 공포가 『정감록』의 곳곳에 배어 있습니다.

죽느냐 사느냐라는 극단적인 갈림길에서 선택을 강요받을 수밖에 없었던 일반 민중들은 군대의 재앙인 병화(兵火)를 가장 두려워했던 것입니다. 『정감록』에서 피난할 곳으로 제시되는 십승지도 기본적으로 외적의 침입과 노략질로부터 안전하게 생명을 보전할 수 있는 장소로 믿어졌습니다.

물론 『정감록』에는 흉년과 전염병의 발생에 대한 민중들

의 두려움도 눈에 띄지만, 당
장 생명이 위협받았던 것은
호(胡)와 왜(倭)로 대표되는 이
민족의 침략 전쟁에 따른 무
차별적인 살상과 잔혹한 공격
이었습니다.

따라서 기본적으로 『정감
록』은 개인이나 집단의 운명
을 알아보는 차원의 예언서가
아니라, 민족 전체의 운명과

『사회악과 사교 운동』
1957년 발행. 저자는 김경대.

국가의 운수를 예언하는 비결서입니다. 그러므로 『정감록』
을 민족과 국가의 정체성이 기초부터 흔들렸던 암울했던 시
대상황에서 절망과 좌절을 딛고 일어나 새로운 앞날을 제시
하고 희망을 노래하고자 애썼던 선각자들의 예지가 담긴 '묵
시본적 복음서'로 이해해야 할 것입니다.

그러나 『정감록』에 다음과 같은 몇 가지 점에서 비판받을
수 있는 약점도 지니고 있습니다.

첫째, 『정감록』은 현세도피적이고 현실부정적인 예언서
로 볼 수 있습니다.

전반적으로 볼 때 『정감록』은 건설적이고 진취적인 기상
이 없으며 은둔적인 경향을 강조하여 소극적인 사상에 치우

친 느낌이 있습니다. 특히 『정감록』은 특정한 시점에 이르러 급박한 종말이 올 것이라는 파멸적인 예언에 집착하여, 사회 전체에 과도한 불안과 긴장을 유발시킬 수 있으며 위기의식을 동반한 한탕주의나 기회주의를 만연시킬 위험을 지니고 있습니다. 이는 개인이나 집단 또는 국가와 민족의 진로를 정할 때 자기결정권이라는 소중한 권리를 스스로 포기하는 행위로 연결되기 쉽습니다. 주어진 현실을 적극적으로 타개하려는 노력은 하지도 않은 채 자칫하면 도피하여 은둔하려고만 하는 자세를 취하는 것으로 보일 수 있습니다.

눈앞에 닥칠 말세를 극복하기 위해 십승지(十勝地)를 찾아 들어가자는 『정감록』의 주장은 언뜻 보면 적극적인 대처법이자 현명한 피난방법처럼 보입니다. 그러나 이 방법은 개인이나 가족만 살고자 하는 이기주의나 소아주의로 비판받을 수 있고, 국가와 민족이 엄청난 재난을 당했는데 이를 도외시하고 나 또는 우리만 피난하려 한다는 소극적인 대처법이라고 비판받아야 마땅할 것입니다.

이러한 관점에서 『정감록』을 지나치게 신봉하는 사람들은 치열한 현실에서의 삶의 경쟁에 자신이 없거나 생존경쟁에서 낙오된 사람들이라고 폄훼되기도 했습니다. 현실을 포기하고 불확실한 미래에만 매달리는 『정감록』 신봉자들은 엄연한 현실을 열심히 살아가는 동시대인들의 삶에 대한 의지와 의욕을 저하시키기 때문에 그들로부터 함께 공유할 가치관이 부족한 이단자로 낙인찍힐 위험이 높습니다.

예언은 자칫하면 지나간 일에 대한 견강부회, 앞날에 대한 공포와 막연한 불안감의 조성, 시간만 지나면 된다는 식의 소극적인 현실 이해, 나만 믿으면 된다는 투의 독선적 경향, 혹세무민하는 대중 선동, 현실 불만과 절망감으로 인한 무기력, 자신과 현실에 대한 통찰력의 결여, 사회참여 의지의 희박화 등등 부정적 형태로 표출되기가 쉽습니다.

둘째, 『정감록』은 미신과 유언비어의 원천으로 여겨지기도 했습니다.

일반적으로 예언서는 한결같이 전쟁, 폭동, 가뭄, 홍수, 질병 등 갖가지 천재(天災)와 지변(地變)은 물론 인재(人災)와 변란(變亂)이 언제, 어디서, 어떻게 일어날 것인지를 예고하고 있습니다. 더욱이 예언적 비결은 표현 자체가 암시적이고 상징적이기 때문에 '귀에 걸면 귀걸이, 코에 걸면 코걸이' 식으로 때와 장소 그리고 해석자에 따라 전혀 다르게 받아들여질 수 있는 가변성을 지닙니다.

결국 은유, 파자, 암시, 상징 등을 이용한 비밀스럽고 자의적인 비결의 표현방식은 지향하는 원래 의미와는 달리 혹세무민(惑世誣民)하는 사설(邪說)로 유포되기도 했었음을 부정할 수 없습니다. 따라서 『정감록』 등의 비결서는 민심이나 여론을 조작하는 역술적인 유언비어의 원천이 되어 사회병리 현상으로 지목되기도 했습니다.

나아가 비결서의 내용은 '믿거나 말거나' 식으로 확인이 불가능한 풍문의 근원이 되기도 했으며, 때로는 황당무계한 유언비어의 원천이 되기도 했습니다. 때때로 『정감록』에는 나오지도 않는 구절이나 내용들이 마치 실재하는 것처럼 전해지고 해석되기도 했습니다.

그리고 비결서가 등장하게 된 사회적 배경이나 비결서의 내용이 가지는 사상적 의미는 전혀 고려되지 않은 채, 단순히 특정한 개인이나 집단의 길흉화복(吉凶禍福)을 따지는 일에 지나치게 민감하게 반응하는 경향이 있습니다. 따라서 비결서는 건전하고 합리적인 사고방식의 결여를 유발하여 맹목적인 추종을 강요하기 쉬우며, 과학적 판단보다는 미신적 맹신에 가까운 형태로 사회 구성원을 이끌어갈 위험성을 항상 내포하고 있습니다.

셋째, 『정감록』은 전근대적인 세계관을 반영하고 있는 지난 시대의 문화적 전통으로 볼 수 있습니다.

『정감록』은 전제왕권을 중심으로 한 왕조 중심의 세계관을 반영하고 있습니다. 특정 성씨의 혈통으로 왕위가 대대로 계승되는 봉건적 왕권을 인정함으로써 『정감록』은 근대적 시민사회나 민주주의 체제를 받아들이지 못하거나 이전의 시대상만을 고집하는 듯 보입니다.

한마디로 『정감록』이 대상으로 삼고 있는 사회는 근대 이전의 중앙집권적 절대왕권이 지배하던 왕조사회입니다. 따라서 『정감록』은 신분의 차별과 계급의 구분이 없이 누구에게나 평등한 인권을 강조하는 시민사회가 출현하기 이전 시대의 낡은 유물로서 현대사회에서는 유용하지 않거나 불필요한 사상체계로 비판받을 수 있습니다.

『정감록』에는 개개인의 개성이나 인격을 보장하거나 특정인의 자유의지나 선택을 존중하는 배려는 보이지 않습니다. 독선적이고 결정론적인 입장에서 어떻게 행동해야 하는가를 교조적으로 가르쳐주고 때로는 강요하고 있을 따름입니다.

이와 관련하여 『정감록』에는 여성을 비하하는 내용이 간혹 있습니다. 「감결」의 "궁중의 홀어미가 제 마음대로 전제(專制)하고"라는 구절과 「삼한산림비기」의 "북쪽 나라의 여자 임금이 와서 평왕(平王)을 홀리면 고려가 곧 망하리니……"라는 구절과 "왕씨가 망할 때에는 사나운 신하를 견제하기 어렵고, 이씨가 망할 때에는 여알(女謁, 궁중에서 정사를 어지럽히는 여자)이 가장 위세를 부릴 것이다" 등의 구절에서 이러한 경향이 확인됩니다.

그리고 『정감록』에는 부자에 대한 경멸감이 묻어 있기도 합니다. 「감결」의 "가난한 사람은 살고 부자는 죽을 것이다"

라는 구절은 정당한 수단에 의한 부의 축적마저도 질시하고 인정하지 않으려는 태도로 보입니다.

넷째, 『정감록』은 특정한 정치적 목적을 지닌 세력이 꾸며내는 선전도구나 민심 조작의 수단으로 이용될 가능성이 있습니다. 『정감록』은 통치자나 왕조에 반발하는 세력들이 기존 체제와 질서를 혼란시키거나 파괴할 목적으로 대중 선동의 기제로 기능했던 역사를 가지고 있습니다. 조선왕조 중기 이후 『정감록』은 전제적(專制的)인 폭정이 무너지기를 바라거나 새로운 왕조의 발흥을 혁명이나 반란에 의해 합리화시키고자 했던 세력에 의해 정치적 수단으로 이용되기도 했습니다.

이러한 『정감록』의 기능은 한편으로는 엄격하게 억압되고 통제된 여론체제 속에서 비공식적인 형태로 왕조를 비판하고 지배층에 대한 정신적 각성을 촉구하는 긍정적인 역할도 수행했습니다. 이는 억압된 민중 심리의 보상기능으로도 볼 수 있고, 중앙정부로부터 소외된 지식인들이 선택 가능했던 거의 유일한 정치적 저항방법이기도 했습니다.

그러나 『정감록』 등의 비결을 이용하여 특정집단의 정치적 행위를 정당화시키려는 방법은 홍보의 측면에서는 효과가 컸을지 모르지만, 오히려 단편적이거나 비본질적인 면모들이 부각되어 혹세무민하는 결과를 초래할 가능성이 높습니다. 그리고『정감록』에는 분파를 반영하고 조장하려는 표현들이 간혹 보이며, 현실을 파괴하고 저항을 부추기는 모략에 이용될 내용이 상당히 있습니다.

이 밖에도『정감록』이 기초하는 지형과 위치로 한 왕조의 운세가 결정된다는 일종의 지리결정론은 현대사회의 자연과학적 관점에서 볼 때는 설득력이 약합니다. 나아가『정감록』에서는 내세관을 찾아볼 수 없습니다. 다만 소극적이고 제한적인 현세적 유토피아론에 머물렀다는 한계를 가지고 있습니다.

4장

『정감록』의 사상사적 의의

새로운 세상을 향한 동경

인간은 '나'라는 존재에 대한 자의식을 가지면서부터 자기의 생명에 대한 불안감을 갖기 시작했습니다. 급기야 이러한 개인의 불안감이 결집되어 사회에 대한 막연한 위기의식이 고조되어 결국은 말세라는 의식을 공유하면서 시한부 종말론으로 심화되기도 합니다.

이처럼 말세에 대한 예언이나 종말신앙에 너무 심취하게 되면 현재의 삶에 결코 충실할 수 없습니다. 그래서 사람들은 '비밀스런 기록'을 통해 다가올 미래에 대한 불안감을 자기 나름대로 확신으로 바꾸어 앞날에 기대와 희망을 가지며 위안으로 삼습니다.

임진왜란과 병자호란이라는 초유의 침략전쟁을 치르면서

조선의 민중들은 정부에 대한 원망을 고조시켰고, 지배계층이었던 사대부들의 무능력을 질타했습니다. 점차 시간이 흘러갈수록 조선사회는 국정의 문란, 성리학적 지배이념의 몰락, 반목으로 얼룩진 당쟁의 격화, 끊임없는 민란의 발생, 신분 차별의 철폐를 요구하는 민중들의 항쟁, 흉년과 전염병으로 인한 생존의 위협, 갖가지 고질적 병폐의 악순환 등으로 인해 전면적인 변혁이 요청되는 과도기적 이행기에 놓여 있었습니다.

이러한 엄청난 질곡과 혼란의 틈바구니 속에서 조선의 민중들은 무기력하게 허덕일 수밖에 없었습니다. 삶과 죽음의 갈림길에 내던져져 위기감에 고뇌하고 절망하던 일부 민중들은 희망을 모색하는 과정에서 새로운 생의 의지를 찾는 하나의 방편으로 『정감록』 등의 비결서에 의지했습니다.

'하늘이 무너져도 솟아날 구멍이 있다'는 속담은 엄청난 절망과 위기의식을 함축적으로 반영하면서도 이를 극복하기 위한 결연한 의지가 나타나 있습니다. 참담한 시대상황에서 한바탕 꿈이라도 꾸어보고 싶은 심정으로 조선의 민중들은 비결서에 매혹을 느꼈던 것입니다. 약간의 독성을 가지고 있는 줄 뻔히 알면서도 뿌리치기 어려운 집요한 매력에 잡을 수밖에 없는 몽환제나 진통제와도 같이, 『정감록』 등의 비결서는 가시를 품은 장미의 모습으로 민중들에게 다가왔던 것입니다.

당시 조선의 민중들은 곧 새로운 왕이 등극하여 새 세상이 지상에 건설될 것이라는 낙관적 희망에 매료되어서야 비로소 그동안 쌓아만 왔던 불안과 불만을 어느 정도나마 해소하고 치유할 수 있었던 것입니다.

어떤 의미에서 보면 천재적인 사상가 한 사람이 태어나 개진한 사상은 동시대인들의 전반적인 생각과는 동떨어지거나 다를 수 있습니다. 독창적 사상가 개인이 한 시대의 흐름을 주도하고 지배할 수도 있을 터이지만, 그가 살았던 사회의 기저에 흐르는 민중 전체의 생각과 사상도 엄연히 존재하는 것입니다. 바로 이러한 관점에서 특정한 시대를 대변하는 절대다수의 공통된 견해와 믿음을 '민중사상'이라고 부를 수 있을 것입니다.

『정감록』은 개인의 사상체계를 보여주는 저서가 아니라 조선시대의 수많은 백성들이 공유하고 함께 만들어낸 민중사상을 집약한 책입니다. 특히 『정감록』은 조선시대 민중들이 가졌던 세계관과 역사관을 고스란히 알 수 있는 중요한 책이며, 민중들이 믿고 의지했던 예언서이자 경전이기도 합니다.

따라서 『정감록』은 조선시대의 사회와 민중을 이해하고 연구하는 일에 필수불가결한 자료집입니다. 관찬사서나 개인 사상가들의 저서에는 도외시되거나 매우 미미하게 다루어졌던 민중사상의 보고로서 『정감록』의 가치는 재평가되고 존중되어야 할 것입니다.

한편 『정감록』은 변화하는 정세와 상황에 민감하게 대응할 수 있는 일정한 처방을 제시한 측면은 있지만, 민족적 통합의 구심점으로는 한계가 있었으며 곤란한 점도 있었습니다. 그럼에도 불구하고 사람들은 세상이 어수선할수록 흔히 신비세계로 몰입하여 회피하려는 경향이 있습니다. 난세 때마다 각종 예언서나 점술서가 유행하여 오래도록 생명력을 가지고 광범위한 영향력을 행사해 왔던 것이 역사적 사실이자 그 증거입니다.

일부 사람들은 천문(점성술), 지리(풍수), 인사(복서)를 통해 앞일을 미리 내다볼 수 있다고 믿었던 것입니다. 불확실한 미래에 대해 나름대로 해답을 얻고자 노력했던 사람들에게 그리고 어찌할 수 없는 상황에 비관만 하던 민중들에게 예언이 담긴 비결서는 활로와 마음의 평정을 주기도 했습니다. 이것이 바로 『정감록』이 민중들의 사랑을 받고 탐독되었던 결정적인 이유의 하나입니다.

무엇보다 『정감록』은 조선왕조가 망하더라도 이 땅의 민중들을 이끌고 지켜줄 정씨 진인에 의해 열릴 새 시대를 예언했습니다. 그토록 오랫동안 『정감록』이 전승되고 믿어진 가장 중요한 이유는 민중들에게 좌절이 아니라 희망을, 멸망이 아니라 재건을, 포기가 아니라 기대를, 죽임이 아니라 살림을, 주검이 아니라 생명을 제시하고 있기 때문입니다.

이씨 왕조가 망하더라도 다시 정씨 왕조가 이 땅에 세워질 것이고, 정씨 다음에도 조씨와 범씨 등이 계속 일어나 새 나라를 세워 민족과 국가를 구원해줄 것이라는 벅찬 희망을 민중들에게 심어주었던 것입니다. 더욱이 『정감록』은 우리 민족의 지속적 발전에 대한 확고한 신념을 잘 표현하고 있습니다.

한마디로 『정감록』은 새 시대에 거는 민중의 기대가 집약된 책입니다. 그리고 『정감록』은 거센 폭풍우를 뚫고 모진 추위를 견디며, 다가올 봄날의 따사로움을 기대하며 적었던 민중들의 복음서였습니다.

그런데 『정감록』을 제대로 이해하기 위해서는 예언을 둘러싼 민중의 사회심리를 먼저 알아야 할 것입니다. 비록 염세적인 사회상을 반영하기도 했지만 『정감록』이 지향하는 궁극적인 목표는 도덕적 이상사회의 도래에 대한 강력한 희망을 민중들의 가슴에 심어주는 것이었습니다.

또한 『정감록』은 출현한 배경인 조선사회를 지탱하던 지배이데올로기였던 성리학을 꺾기 위해 민중들이 만든 대항이데올로기의 하나로도 이해할 수 있습니다. 임진왜란과 병자호란을 겪은 후 사회의 모든 질서와 가치관이 처절하게 무너지는 위기상황에서 민중계층을 대변하는 소수의 소외된 지식인들이 중심이 되어 생산하고 민중들의 손에 의해 보충되어 널리 보급되었다고 추정되는 『정감록』은 한국사상사에 있어서 민중사상의 큰 결실 가운데 하나이며 민중적 비결신앙의 대표작입니다.

학문적 연마과정을 제대로 거치지도 않았을 다수의 민중들이 힘을 합쳐 민족의 수난과 굴욕을 극복하기 위한 사상적 대안으로서 『정감록』을 제시했던 것입니다. 양반계층을 대변하는, 권위와 권세를 지녔고 학식이 많은 지식인들은 아무런 대안을 제시하지도 못한 채 음풍농월이나 지적 유희에 몰두하고 있었을 때, 민중들은 손에 손을 잡고 새로운 왕국을 향한 꿈을 키워나갔고 민족의 영광과 번성을 은밀하지만 힘차게 외쳤던 것입니다.

이러한 사실은 조선왕조가 막을 내리고 일제강점기라는 민족사 최대의 수난기에서도 찬란히 빛을 발했습니다. 『정감록』 신앙은 조국과 민족의 해방을 열망하고 고취시키는 데 앞장섰던 것입니다. 『정감록』으로 대표되는 한국적 민중사상의 결실인 비결신앙은 한국 신종교의 후천(後天)세계라는 교리적 개념과 결부되어 일제의 침략에 대항하고 저항할 강력한 정신적 원동력을 제공했습니다.

곧 이 나라 이 민족을 이끌 새로운 지도자가 출현하여 일본제국주의의 총독정부를 대신하여 새로운 국가가 이 땅 위에 건설될 것이라는 믿음은, 종교적 형태와 민간신앙의 형태로 제시되어 당시 한국사회에서 일제의 지배논리에 정면으로 대항한 민중의 사상체계였습니다.

망국의 한과 식민지적 상황을 타개하기 위하여 조만간 새 왕조가 건설되고 새로운 천자가 등극할 것이라는 예언은, 정신적 구심점을 상실하고 헤매던 민중들이 놓치기 싫은 강렬한 유혹이자 선택 가능한 거의 유일했던 정치적 대안으로 작용했던 것입니다. 이러한 민중들의 새 세상에 대한 애타는 갈망은 곧 솔깃한 예언과 그 해석에 대한 지대한 관심으로 나타났으며, 그러한 예언을 믿고 전하는 일은 곧 나라와 겨레의 해방운동과도 연관된다고 믿어졌던 것입니다.

민족해방운동을 위해 폭력적인 방법이나 외교적 방법을 동원하거나 국외로 나가 망명투쟁을 과감히 벌일 수 없었던 당시 수많은 민중들은 일제에 의해 강탈된 나라를 되찾겠다는 일념을 진인출현설과 같은 예언을 믿음으로써 해소할 수 있었을 것입니다.

실제로 민족해방운동을 체계적이고 역동적으로 수행해나갈 역량이 부족하거나 적절한 방법을 찾지 못했던 당시 민중들에게 진인의 존재와 새로운 왕조의 건설이라는 '기쁜 소식'은 나라를 되찾는 일에 자발적으로 참여할 수 있는 거의 유일한 기회였습니다. 진인이 나타나 새 왕조를 열 것이라는

복음은 당시 실의에 빠져 있
던 대다수의 민중들에게 타오
르는 활력과 희망을 불어넣어
주었던 것입니다.

이처럼 예언은 당대의 집
단 구성원이 가지는 의지와
희망이 구체적으로 표출되는
사회적 언어형식이며, 시대적
상황과도 밀접하게 연관되어
해석되는 것입니다. 따라서

『비난정감록』 표지
운정도인 저. 세창서관.

특수한 시점에 따라서 예언은 엄청난 사회적 영향력을 행사
하기도 합니다.

결국 『정감록』의 진인출현설은 근세 이후 동학혁명, 의병
투쟁, 3·1 만세운동 등이 차례로 실패한 이후에도 민족의
해방을 위한 사상적 대응책이었으며, 고통과 질곡이 없는 새
세상이 이 땅 위에 곧 이루어지리라는 간절한 바람이었으며,
직접 만들고 함께 참여할 수 있는 이상세계를 향한 믿음이었
습니다.

이처럼 마땅한 정치적 책략이나 경제적 수단이 없었던 일
제강점기의 한국 민중은 우리 민족에 의해 '새 세상'이 세워
진다는 강렬한 믿음을 통해 해방을 향한 의지와 투쟁을 키워

나갔던 것입니다. 따라서 일제는 『정감록』으로 대표되는 한국 민중의 정신적 구심점을 분쇄하고 새 세상을 꿈꾸는 민중들의 믿음을 미신이나 사기행각으로 규정하고 하루 속히 없애야 할 타도대상으로 설정할 수밖에 없었습니다.

일제강점기에 예언이나 미신으로 치부되었던 우리 민중들의 정신적 투쟁은 칼과 총 등 현실적인 무기를 손에 들 수 없었던 힘없던 민중들의 치열한 민족해방운동으로도 이해할 수 있을 것입니다. 당시 무기력했던 민중들이 선택할 수 있었던 유일한 정신적 차원의 해방운동이 바로 우리 민족만의 새 왕조가 건설된다는 믿음을 갖는 일이었으며, 실제로 그러한 주장을 하던 신종교 교단에 참여한 사람이 상당히 많았습니다. 왜냐하면 일제강점기의 한국 신종교 교단들이 한결같이 약속하고 강조했던 일이 일제에의 항복이나 굴복이 아니라 우리 민족의 힘으로 건설할 새로운 왕조의 출현이었기 때문입니다.

결국 『정감록』을 활용한 한국 신종교 교단들은 단순한 현실도피적인 예언이 아니라 식민지 지배체제에 대한 하나의 사상적 대안으로서 조선 민족에 의해 건설될 새 왕조를 제시했던 것입니다.

또 하나 분명하게 알아야 할 점은 『정감록』은 개인이나 집단의 미래를 예언한 책이 아니라 국가와 민족의 흥망에 대한 예언을 집대성한 책이라는 것입니다. 『정감록』은 민족 전체의 운명을 예언한 '민족의 예언서' 입니다.

급격한 변혁을 통해 이루어야만 할 이상향으로서 '새 세상' 이 설정되었고, 새로운 시대의 변화를 기다리는 민중들의 갈망이 『정감록』에 녹아들어 있습니다. 미래와 이상과의 만남을 추구하던 민중은 현실에 대한 절망감을 희망으로 대체하여 표출한 『정감록』은 민중의 변혁적 지향과 이념이 담긴 소중한 책입니다.

결론적으로 『정감록』은 절망과 질곡의 시대에도 굴하지 않고 영원한 희망을 노래한 비결서이자 민간신앙과 민중사상의 거대한 한 맥을 이루어 현재까지도 계속 이어지는 우리 민족 모두의 소중한 예언서로 자리매김할 수 있습니다.

사대사상(事大思想)이나 모화사상(慕華思想)에 빠진 일부 봉건적 지식층의 역사 인식과는 달리 『정감록』은 민중들의 역사의식과 세계관을 일정하게 반영하고 있습니다. 특히 『정감록』은 끊임없이 되풀이되는 역성혁명(易姓革命)을 통해 우리 민족의 생명이 영원불변할 것이라는 신념을 제공한다는 의의가 있습니다.

한편 예언은 독특한 생명력을 지녀 계속 유효하다고 믿어지며, 시간의 변화와 주어진 조건이 변함에 따라 항상 새롭게 탈바꿈하여 유지되는 특성이 있습니다. 예언이 잘못된 것이 아니라, 그에 대한 해석이 잘못되었을 뿐입니다.

그리고 예언은 그 실현 여부는 별개의 문제로 하더라도 이미 지나간 사건에 대한 '사후약방문(死後藥方文)'식의 부연과 첨가는 점점 치밀하게 확대되는 특성을 지닙니다. 사건이나 변화가 '이미 지나간 다음'에는 더 구체적인 표현으로 보강한 예언이 많이 증보되거나 보충 설명됩니다.

또 예언은 이상론과 종말론, 구원관과 말세관, 살림과 죽임, 희망과 절망 등의 극단적인 갈등과 대립구조를 동시에 지닌 '이율배반적인 양면성'을 가지고 있습니다. 따라서 예언을 어느 한쪽으로 치우쳐서 받아들이거나 이해하려는 시도는, 예언의 이러한 본질을 제대로 파악하지 못하는 태도입니다.

예언은 항상 현실을 중심으로 이해되는 성향이 있으며, '지금 이 순간'에도 실현과정에 있다고 믿어집니다. 아직 이루어지지 않았지만 언젠가는 실현될 것이라고 믿어지는 것이 바로 예언입니다. 나아가 예언은 주어진 현실에 대해 만족하지 못하는 사람들에게 긍정적이든 부정적이든간에 일종의 '카타르시스'로서 작용하는 동시에 현실을 바꾸어보려는 '원동력'으로 작용하기도 합니다.

예언이 긍정적으로 작용할 경우에는 '희망찬 미래에의 실현 의지'를 고무시키는 경향이 있습니다. 뿐만 아니라 설령 예언이 현실과 동떨어진 미래에의 환상이라고 할지라도 현재 맞닥뜨리고 있는 현실에 대한 갈등과 심리적 불안감을 극복해 나갈 수 있는 최소한의 기능으로서 '일시적 위안감'은 됩니다. 그러나 예언이 부정적으로 작용할 경우에는 '현실에 대한 불만의 표출'을 유발시키기가 쉽습니다. 따라서 예언은 주어진 현실에 대한 재평가의 기회를 제공하는 동시에, '현실 개조를 위한 추진력'을 보강시켜주는 역할을 일정하게 한다고 이해해 볼 수 있을 것입니다.

흔히 예언을 믿는 사람들은 예언의 긍정적 측면만을 강조하여 다른 사람들을 자신들의 믿음의 영역으로 끌어들이려는 노력을 기울입니다. 그러나 이로 인해 사회 전체적으로 볼 때는 독선적 집단화와 상호 대립화 현상이 나타나 분파와 세력 경쟁으로 치닫게 됩니다. 그리하여 예언의 본질과 기능에 대한 객관적 이해가 결여되기 때문에, 결국은 예언의 부정적 측면이 부각되게 됩니다.

따라서 예언이 긍정적으로 기능하느냐, 부정적으로 기능하느냐는 전적으로 예언을 믿는 사람들의 '의지와 행위'에 달려 있습니다. 즉 예언이 개인과 사회를 변혁하기 위해서는 믿는 이들의 자각을 통한 윤리적 결단과 합리적인 실천과정이 필요하고 요청되는 것입니다.

앞에서 살펴본 것과 같은 예언의 기능적 측면을 고려해 본다면, "'예언을 믿는 사람'에게는 설명이 '불필요'하고, '예언을 믿지 않는 사람'에게는 설명이 '불가능'하다"는 식의 단순논리적인 표현은 예언의 양면적 기능을 잘 이해하지 못한 것으로 생각됩니다.

예언이 갖는 시간은 항상 '현재'입니다. 왜냐하면 예언 속에서 과거는 '이미' 없는 것이 아니라 기억과 전승으로 현재에도 남아 있는 것이며, 미래는 '아직' 없는 것이 아니라 희망, 기대, 계획으로 현재에도 엄연히 살아있는 것이기 때문입니다.

그러므로 예언이 빗나가거나 틀리는 일은 없습니다. 다만 예언은 잘못 전달되거나 잘못 해석되었을 따름입니다. 이 말이 매우 이상하게 느껴지거나 역설적인 것으로 들리기도 하겠지만, 그만큼 예언은 '계속'해서 말해지고 유지된다는 점을 강조한 것입니다.

왜냐하면 예언이 말해지고 관심을 갖는 시간대는 항상 아직 오지 않은 시간인 '내일'이고, 이러한 예언이 과연 실현되었는지에 대한 확인 역시 아직 오지 않은 '내일'에서나 가능한 일이기 때문이다. 그리고 '오늘'이 계속 이어져 '내일'이 온다 할지라도, 오늘의 시점에서 예언된 내일 날의 변화나 사건은 '그 날'이 오면 그 시점에서 다시 '오늘'이 되어버립니다. 즉 '오늘' 말해지는 예언을 믿는다 함은 '유보된 내일'을

‘오늘 이 순간’에 ‘미리’ 살아가는 것이라고 이해해야 할 것입니다.

예언은 결국은 ‘믿고 안 믿는’ 차원의 물음이기 때문에 믿는 사람에게 있어서는 현재의 매 순간이 바로 예언이 실현되어가는 과정이며, 예언은 항상 실현되는 사실입니다. 반면 믿지 않는 사람에게는 자신과는 관계가 없는 전혀 별개의 특별한 물음이기 때문에, 그들이 예언은 실현되지 않는다고 주장하는 것은 무의미합니다.

결국 예언에 대하여 지나치게 확신하거나 전적으로 무시해 버리는 태도는 바람직하지 못하다고 볼 수 있습니다. 왜냐하면 예언의 실현 문제는 믿는 그 순간에 바로 실현되는 것이며, 믿지 않는 그 순간에 이미 판단의 영역을 벗어나버리는 문제이기 때문입니다.

정씨 성을 가진 진인이 곧 우리 땅에 나타날 것이라는 민중의 오랜 염원은 실현될 그 때까지 앞으로도 계속 가슴 속에 깊이 간직될 것입니다. 꿈은 반드시 이루어질 것입니다. 꿈을 꾸는 사람이 있고, 그 꿈이 있는 한. 예언은 실현되지 않는 것이 아닙니다. 다만 그 실현이 미루어지고 연기될 뿐입니다.

그리고 진인은 정씨라는 특정한 성씨를 가진 인물로 국한되어 이해되어서는 곤란할 것입니다. 다만 정씨라는 인물로 ‘상징되었다’고 보아야 할 것입니다. 언젠가는 꼭 실현될 것으로 믿어진 민중의 꿈이 단순히 어떤 인물이 등장할 것이라는 주장보다 진일보되어 특정한 성씨를 지닌 인물이 나타날 것이라는 식으로 구체화되었던 것입니다. 진리를 깨달은 사람이나 민중을 잘 살고 행복하게 만들어줄 존재라면 누구나 참된 도를 갖춘 인물인 진인이 될 수 있을 것입니다. 결국 민중은 성씨와는 관련이 없이 강력한 힘과 권위를 지녔으며 도덕적으로도 완성된 위대한 지도자를 꿈꾸었습니다. 따라서 진인은 '진리를 체득한 사람'으로서 완벽한 존재이며 인간적인 모든 한계를 초월한 인물입니다.

물론 역사적 관점에서 본다면 20세기 초에 와서야 정씨 진인이 정씨라는 특정 성씨의 소유자가 아니라 '바르고 완전하다'는 의미로 사용되었다고 주장하는 견해가 나타나기 시작했습니다. 이는 왕조 중심의 혈통을 중시하는 사고방식이 근대적 시민사회의 발전과 영향으로 변모된 사실을 반영하는 것으로도 볼 수 있습니다. 정씨가 아니라 진인에 더욱 강조점을 두는 입장에서 진인출현설이 새롭게 해석되었던 것입니다.

흔히 정씨 진인은 '정도령'으로도 불립니다. 물론 정도령이라는 용어나 표현은 『정감록』에 보이지 않습니다. 여기서 도령은 '양반집 사내아이'를 가리키는 말입니다. 양반은 조선시대에 민중을 착취하고 지배하던 계급적 위계에서의 용어가 아니라 도덕적으로 성숙되고 고결한 인격을 지닌 존재를 나타내는 상징적 표현으로 보아야 할 것입니다. 그리고 사내아이는 앞으로 훌륭하고 성숙된 인물로 자라날 가능성을 가지고 있는 존재로서 민중의 꿈을 대변하는 새싹을 상징합니다.

비록 『정감록』에 신비적이고 주술적인 요소가 상당히 있다는 사실을 전혀 부정할 수는 없지만, 장차 우리나라가 세계의 도덕적, 문화적, 정치적 중심지가 될 것이며 우리 민족이 세계의 정신문명을 지도하는 종주국이 될 것이라는 겨레의 희망을 담고 있다는 점이 간과되어서는 안 될 것입니다. 『정감록』은 인류가 앞으로 크게 밝은 세상을 맞이하게 될 것이며, 이러한 세계사의 변화를 주도할 참되고 올바른 지도자인 진인이 우리나라에서 나올 것이라는 '기쁜 소식'을 전하는 복음서(福音書)입니다.

『정감록』이 현실의 불안과 욕망을 일시적으로 해소하기 위한 마취제로 기능하거나 사회에 대한 욕구불만을 잠정적으로 풀기 위한 단편적 수단으로 이용될 수도 있습니다. 그러나 예언이나 비결이 현세의 절망적 상황을 잠시라도 잊기 위한 정신적 아편으로만 작용한다면 이를 믿는 개인이나 집단의 삶은 갈수록 무기력하게 될 것이며 사회악이 될 따름입니다.

그러므로 가만히 기다리기만 해서 '새 세상'이 오는 것은 결코 아니라는 사실을 명심해야 할 것입니다. 예언이나 비결 속에 간직된 꿈과 이상을 실현하기 위해서는 현실적 노력과 각성이 있어야 할 것이며 실제적인 행위와 구체적 실천이 따라야만 합니다. 꿈은 단순히 꿈을 꾸기 위해 있지 않습니다. 꿈은 인간 개개인이 주어진 열악한 조건과 정해진 한계를 벗어나기 위한 창조적 열정을 행동으로 옮길 때 비로소 실현될 것입니다.

네덜란드의 유명한 철학자 스피노자(B. Spinoza, 1632~1677)가 말했던 "비록 내일 지구의 종말이 온다 할지라도, 나는 오늘 한 그루의 사과나무를 심겠다"는 경구처럼, 인간은 언제 어디에서라도 '사과'라는 한 줄기 희망을 버리지 말 것이며 나무를 '심는' 실천을 해야 할 것입니다.

누구라도 진인은 될 수 있으며, 그렇게 될 가능성은 모든 이에게 열려 있습니다. 민중이 원하는 진인의 조건에 부합된다면 아니 부합될 수 있다면, 누구나 진인이 될 수 있고 되어야 합니다. 그렇지만 민중은 분열된 다수이기 때문에 결집된 구심점으로서의 한 사람을 원하는 것뿐입니다.

민중의 꿈이 집약된 인물인 진인, 그는 민중의 꿈을 먹고 자랍니다. 그리고 그 꿈이 완성될 수 있을 때 비로소 지상에 출현할 것입니다. 따라서 민중의 원하는 위대한 지도자인 진인은 언젠가는 이 땅에 나타날 수밖에 없습니다. 민중이 꿈을 꾸고 진인을 원하는 간절한 소망을 가지고 있는 한. 그리고 이 모든 일은 진인 혼자서는 결코 할 수 없습니다. 진인을 따르는 다수의 민중이 있어야 가능할 것입니다. 진인을 꿈꾸는 사람도 민중이며, 진인의 꿈을 완성시키는 것도 민중의 힘이 있어야 가능하기 때문입니다.

이러한 '미완의 꿈꾸기' 는 현실사회의 상황이 어려울수록 더욱 강력하게 유지될 것으로 전망됩니다. 그리고 민중은 이러한 꿈꾸기를 결코 포기하지 않을 것도 명백합니다. 그 꿈이 이루어질 때까지.

흔히 사람들은 부와 쾌락, 명예와 권력을 추구하기 위해 살아갑니다. 그러나 이러한 일상생활의 공허함에서 벗어나 인간이 진정으로 원하는 가치 있는 일은 과연 무엇인가를 고민하고 그를 향해 바람직하게 나아가는 창조적 소수에 의해 인류의 역사는 진보를 거듭해 왔습니다.

인류가 그토록 오랫동안 바랐던 평화와 행복을 실현시키기 위해서는, 갈등과 분산과 분열을 넘어서 화해와 협력과 일치를 통해 각자가 맡은 바 사명을 수행할 책임이 있습니다. 그래야만 다가올 미래의 이상을 향한 인류의 꿈꾸기가 역사 발전의 원동력으로 작용할 것입니다. 천문(天文)과 지리(地理)를 통달한다 하더라도 인사(人事)가 뒷받침되지 않는다면 이상의 실현은 헛된 망상과 탁상공론에 그칠 것입니다. 예언은 인간 행위의 좌표를 가리키며 그 출발점과 지향할 바를 제시해 줄 따름입니다.

이제 『정감록』이라는 예언과 비결의 자료창고를 열어 그 속에서 나와 우리가 나아가야 할 목표를 찾아보는 일이 요청되는 때입니다. 예언이나 비결은 고정불변의 형태로 제시되지 않습니다. 항상 새롭게 해석될 가능성으로 열려져 있습니다. 그리고 예언은 '미리 말함' 이라는 말뜻에서 나타나는 것처럼 과거완료형으로 설명되는 것이 아니라 늘 현재진행형으로 나타납니다. 따라서 미래완료적 상황이 오지 않는 한 예언은 조금씩 그 모습과 해석을 달리해서 계속해서 우리들 앞에 나타날 것입니다. 예언의 내용을 믿고 믿지 않고는 여전히 개인의 자유와 선택의 몫으로 남겨져 있지만, 새로운 세상을 향한 동경은 인류가 생명이 지속되는 한 끊임없이 먹어야 할 정신적 양식입니다.

완벽한 이상사회에 대한 민중의 열망은 우리가 발 딛고 살고 있는 바로 이 땅이라는 현실에서 실현될 그 때까지 영원히 식지 않을 것입니다. 민중의 가슴에 숨겨져 있는 이상향을 향해 타오르는 용광로는 진인출현설, 비결신앙, 후천개벽신앙 등등 다양한 모양의 불꽃으로 새 세상이 이루어질 그 순간까지 계속해서 활활 타오를 것입니다. 이제 그 불꽃은 개개인의 꿈에 그치는 것이 아니라 온 거레의 꿈으로 승화되어야 할 것

입니다. 바로 이러한 맥락에서 『정감록』은 '지상천국건설'
이라는 상상의 세계로 우리를 초대하고 있습니다. 상상력은
미래를 현실화시키는 정신적 동력이며, 현실을 살기 위한 구
체적 힘입니다. 꿈은 이루어질 것입니다. 그 꿈을 현실에서
이루고자 노력하는 사람들에 의해서.

2부

본문

鄭鑑綠

『정감록』에는 수많은 이본들이 있다. 이들 가운데 공통적으로 등장하는 내용들 중에서 중요하다고 생각되는 부분들을 풍수지리 사상, 천운순환 사상, 천문 사상, 말세 사상, 비결 사상, 진인 사상, 음양오행 사상, 승지 사상 등으로 나눠 발췌했다.

풍수지리(風水地理) 사상

풍수지리설은 음양오행설에 기초하여 산맥이나 강의 흐름을 보고 인간의 길흉화복을 점치는 세속화된 동양 전래의 자연철학입니다. 일반적으로 개인의 묘소를 정하는 일에 이용되었는데, 그 방향과 위치에 따라 후손들의 삶의 대세가 정해진다는 믿음으로 발전되었습니다. 그런데 『정감록』에는 도읍터의 지기(地氣)가 쇠퇴하거나 왕성함에 따라 그 왕조의 운명이 결정된다는 지기쇠왕설(地氣衰旺說)이 제기됩니다. 나라 전체의 운세가 수도의 풍수지리에 의해 예정되어 있다는 사유체계입니다.

정(鄭)이 "곤륜산으로부터 내려온 산줄기가 백두산에 이르고, 그 원기(元氣)가 평양에 이르렀다. 그러나 평양은 이미 천 년의 운수가 지나 송악(松岳, 개성) 5백 년 도읍할 땅으로 옮겼는데, 요망한 중과 궁녀가 난을 일으켜 땅기운이 쇠(衰)하고 천운(天運)이 막혀 그 운수가 한양으로 옮겨가리라"라고 말했다.　　　　　　　　　　　　　　　　　　　　「감결」

이심(李沁)이 "(백두산에서 내려온 산줄기가) 금강산으로 옮겨 안동의 태백산과 풍기의 소백산에 이르러 산천의 기운이 모여 계룡산으로 들어갔으니, 정씨(鄭氏)가 8백 년 동안 도읍할 땅이로다. 그 후 원맥이 가야산으로 들어가니, 조씨(趙氏)가 1천 년 동안 도읍할 땅이로다. 전주는 범씨(范氏)가 6백 년 도읍할 땅이로다. 송악으로 말하면 왕씨(王氏)가 다시 일어날 땅인데, 나머지는 자세하지 않아 고찰할 수 없다"고 했다.　　　　　　　　　　　　　　　　　　　　　　「감결」

삼각산은 규봉(窺峰)이 되고, 백악(白岳)은 주산(主山)이 되며, 한강은 허리띠가 되며, 계락산(稽絡山, 駱山)이 청룡이 되고, 안현(鞍峴)은 백호가 되며, 관악(冠岳)은 안산(案山)이 되고, 목멱산(木覓山)은 남산(南山)이 되었다.　　　　　　「감결」

아무 산, 어느 물의 기세가 이러이러하니, 천 년 뒤의 일을 상세히 알 수 있는 것이다.　　　　　　　　　　　　「감결」

　후세의 어리석은 자의 안목에는 용문산(龍門山)이 몸을 숨길만한 곳으로 보이리라. 대개 산수법(山水法) 이외의 것으로 말하자면 생기(生氣)가 있는 듯하지만, 기운을 한양에 빼앗겼으므로 용문산의 기세는 모두 죽은 혈(穴)이다.　　　　「감결」

　목멱산의 형상은 산모(産母)의 음부형(陰部形)과 같으니, 사대부가 허물을 더하면 온 나라에 예(禮)가 없어질 것이니 어찌 하리요.　　　　　　　　　　　　　　　　「감결」

　십승지는 사면(四面)이 이러이러하므로 흉년이 들지 않을 것이니, 산수의 법은 기이하다.　　　　　　　　　　「감결」

　삼한(三韓)의 산맥이 처음에 몽라골현(蒙羅骨峴)에서 시작하여 용(龍)처럼 날고 봉(鳳)같이 춤을 추며 구불구불 에워 돌아 남쪽으로 뻗어오다가, 장령산(長嶺山)이 되고, 두흑산(豆黑山)이 되고, 백두산이 되고, 검산(劍山)이 되어 동옥저(東沃沮)에서 멈추었는데,……　　　　　　　　　「삼한산림비기」

　산맥이 두류산 북쪽으로 옮겨 차현(車峴)이 되었는데, 이

고개 남쪽에는 산의 형상과 물의 형세가 모두 등지고 달렸으니, 나라에 반역하고 사형당할 자가 반드시 여기에서 나오리라. 속리산의 지맥이 꺾여 북쪽으로 달려 황려(黃驪)에 머물렀는데, 틀림없이 성인이 있어 장사지낼 것이니 동방의 예악과 문물이 이때에 왕성하리라.　　　　　　「삼한산림비기」

　　개마산의 맥이 서남으로 뻗어 검지산(劍地山)이 되고, 절령(峀嶺)이 되고, 구월산이 되고, 송악산(松岳山)이 되었으니, 왕 노릇하는 이가 여기에 도읍하면 5백 년을 가리라. 산의 형상이 둘레에서 호위하는 듯하고 깊고 함축성이 있으니, 마땅히 불사(佛事)를 엄숙하게 치를 것이고, 나라의 명령을 제멋대로 하는 신하가 대대로 있으리라. 무릇 도읍을 세 번 옮기고 두 번 고을을 떠나지만 결국은 이씨(李氏)에게 해를 당할 것이다.……물이 서쪽 성 밖으로 새어나가니 자손에게 해로울 것이다. 따라서 왕족이 번성하지 못하며, 끝내는 별족을 당하는 환란이 있으리라. 장상산(將相山)이 낮고 미미하므로 그 공적을 이루는 사람이 드물고, 문필봉(文筆峯)이 높고 험하므로 중국의 과거에 급제하는 사람이 많을 것이다. 대체로 삼한의 산맥이 모두 서산에 배치되므로, 나라를 망치는 일이 반드시 서쪽으로부터 생기리라.　　　　　　「삼한산림비기」

송악(개성)은 수국(水局)이니, 대궐을 반드시 남향으로 해야 한다. 그렇지 않으면 불설(佛說)에 복종하지 않을 것이다.
「삼한산림비기」

송악의 남쪽 감악산(紺岳山)이 신령한 산이고, 목멱산이 그 다음이며, 부아악(負兒岳, 북한산)이 맨 아래가 되니, 송악을 버리고 반드시 여기에 도읍하는 자가 있으리라. 그러나 산의 바위가 드러나 가파르게 솟아 있고, 앞쪽에 물이 얕게 흐르므로, 10년 동안의 풍년이 없고 30년간의 평화가 없으리라.
「삼한산림비기」

한산(漢山)은 금국(金局)이니, 대궐은 반드시 동향으로 해야 한다.……동쪽은 허(虛)하고 남쪽은 낮으니, 백악산으로 좌(坐)를 삼지 말라. 검은 옷을 입은 도적이 동쪽에서 올까 두렵다.
「삼한산림비기」

병신년(丙申年)에는 사방에서 군사가 움직이고, 서자 중 만이가 제 분수를 모르고 날뛰면 필시 세상 이치가 타락하리니, 이때부터 다사다난하여 도성에는 이름난 재상이 없고 변방에는 큰 장수가 부족하리라. 이것이 다 한산(漢山)이 뼈처럼 여위었고 한수(漢水)가 여울이 많기 때문이다.　「삼한산림비기」

한산(漢山)이 높이 솟아 드러났으니 훌륭한 인재가 나지 않고, 학사(學士)와 대부(大夫)가 끝까지 등용되지 못한 채 풀처럼 베어지리라.　　　　　　　　　　　　　　「삼한산림비기」

영남(嶺南) 70개 고을은 땅이 기름지고 산이 빼어나 많은 인재가 배출되고, 호남(湖南)은 등지고 달리는 산이 많으니 불충불효하고 간사한 무리들의 소굴이로다. 정권을 손에 잡은 사람은 그런 자들을 끌어다 쓰기를 좋아하지 말라.
　　　　　　　　　　　　　　「삼한산림비기」

청량산이 명주(溟州)를 둘러싸고 있으므로 오래 사는 사람들이 많다.　　　　　　　　　　　　　　「삼한산림비기」

남원경(南原京)은 주산(主山)이 낮고 객산(客山)이 우람하니, 서자(庶子)가 요사스러운 일을 도모하여 사대부에게 해를 입힐 것이다. 서원경(西原京)은 물이 공(功)자 모양으로 빙 둘렸으므로 공신(功臣)이 대대로 나올 것이다. 중원경(中原京)은 직산(稷山)이 높고 험준하므로 대대로 부유하게 사는 장남이 많을 것이다. 북원경(北原京)은 물이 북쪽 아래로 흐르고 산이 남쪽으로 가로막혔으니, 무예와 용맹이 뛰어난 사람들이 많이 배출될 것이다. 이들 5경 가운데 명주가 가장 아름답다. 「삼한산림비기」

　　나라의 기강이 탄탄한 듯하지만 당파끼리 서로 헐뜯고 다투므로, 끝내 의견이 모아지지 않는다. 이는 송경(松京)은 산이 빙 둘러쌌고, 한산(漢山)은 뒤가 노출되었기 때문이다. 한산의 형세가 서쪽으로 뻗었으니, 성곽을 설치하여 그 허한 곳을 에워싸야 한다. 유사시에 서쪽으로 달아나면 화를 모면할 수 있지만, 두세 번 되풀이해서는 안 된다.　「삼한산림비기」

　　한산(漢山)에 돌이 많고 한수(漢水)는 여울이 많으니, 반드시 골육(骨肉)간에 서로 죽이는 일이 많을 것이다.　「남사고비결」

　　지나간 일을 살펴보면 중엽에는 서얼(庶孼)의 재앙과 적자(賊子)의 변란이 번번이 일어나리라. 그 연수(年數)를 살펴보니, 군사를 일으키는 것은 신(申)·자(子)·진년(辰年)에 있고, 형벌과 살육은 사(巳)·유(酉)·축년(丑年)에 있었으니, 무슨 까닭인가? 화(火)가 금(金, 목멱산)을 이기기 때문이다. 금국(金局, 도봉산)의 산세에 목맥(木脈, 인왕산)이 백호(白虎, 오른쪽)에 있어 산꼭대기를 쳐드니 여기에 형벌과 살육의 기운이 있고, 수국(水局, 삼각산)의 산세에 도봉산이 청룡(靑龍, 왼쪽)에 있으니 기운이 새어나간다. 그러므로 전쟁이 일어난 것이다.　「무학비결」

이 태백산 원맥은 수많은 봉우리들이 좌우에 병풍처럼 벌여 있고, 이름난 내와 신령스러운 땅이 앞뒤로 두르고 있으며, 용(龍)이 경태(庚兌), 건해(乾亥)로부터 임감맥(壬坎脈)으로 나뉘어, 지세(地勢)가 병(丙), 오(午), 정(丁)의 세 향(向)으로 열리고, 태을성(太乙星)이 그 문을 지키며, 청룡이 그 골짜기를 서려 화기(和氣)가 흐뭇하니 여기가 절승지이다. 그 형국이 활을 당긴 것처럼 기이하고…… 「토정가장결」

가마산(加麻山)이 백호가 되고, 화산(華山)이 안산(案山)이 되고, 자좌(子坐)로 금구형(金鷗形)이니, 자손을 보전할 만한 땅이다. 「토정가장결」

○○○가 청룡이 되고, 가마산이 백호가 되고, 화산이 안산(案山)이 되고, 자좌(子坐)요, 금구형(金鷗形)인지라, 가히 자손을 보전할 수 있는 땅이다. 「토정가장결」

호남의 산은 등을 돌리고 달아난 것이 많아서 간사함을 추구하는 일이 잦다. 내버려두고 논하지 말자. 「두사총비결」

조선왕조가 몰락되는 일도 수도인 한양의 지덕(地德)이 쇠퇴해지기 때문이라고 설명합니다. 그리고 "산천의 기운이 뭉

치어 계룡산으로 들어갔으니, 정씨의 8백 년 도읍할 땅이다"
라고 주장하여 지형(地形), 지상(地相), 지력(地力)으로 정씨의
새 왕조가 계룡산에 도읍을 정할 것이라고 예언했습니다.

실제로 그러한지는 증명하기 어렵지만, 땅기운의 쇠퇴와
왕성에 의해 그 위에 자리 잡고 사는 인간이 영향을 받는다고
설명하여 자연이라는 환경조건의 변화에 따라 인간사가 조
종된다는 믿음을 반영하고 있습니다.

자연과의 친화를 부각시키고 환경의 중요성을 강조하는
점은 현재에도 긍정적 의의가 있지만, 지나친 환경결정론과
지리운명론은 쉽게 받아들이기 어렵습니다.

천운순환(天運循環) 사상

「삼한산림비기」는 우리나라의 명산에 대한 풍수지리설에 따라 각 왕조(王朝)가 어느 산을 주산(主山)으로 삼았다는 것을 기록하고 있습니다. 나아가 산세(山勢), 그 산 아래에서의 인물 배출, 전쟁이 났을 때 피난할 장소 등의 내용도 기록하고 있습니다. 그런데 어떤 산의 기운은 영원히 한 상소에 머물러 있는 것이 아니라, 일정한 기간이 지나면 다른 곳으로 옮겨간다는 순환을 강조하고 있습니다. 산의 기운이나 그에 따라 정해지는 왕조의 운세는 머물러 고정되는 것이 아니라 움직여서 흐른다는 순환사상을 주장한 것입니다. 따라서 한 왕조의 운명을 결정짓는다는 도읍지의 지기도 세월의 변화에 따라 달리 작용하기도 합니다.

가장 남쪽이 태백산이 되는데, 일만 보살(菩薩)이 이 세상
에 머물러서, 그 아래에는 병화와 수재와 기근이 침범하지 못
하니 으뜸가는 낙토(樂土)로 일컬어진다. 그러나 5백 년 후에
는 인재(人才)가 번성하지 못하고, 또 7백 년이 지나면 그 산의
정기(精氣)를 크게 뭉쳐 한수(漢水) 북쪽 땅을 차지하고, 낙양
(洛陽)에 도읍하여 7백 년 후에 그칠 것이다. 「삼한산림비기」

삭정(朔庭) 이북은 산수가 깊고 험하며 풍속이 거칠고 사
나우므로, 왕 노릇할 사람이 나지 않고 반드시 반란이 심하게
일어날 것이다. 1천 년 뒤에는 마침내 오랑캐 땅이 되어 왕실
의 터전을 닦은 땅이 끝내 오랑캐의 지배를 받아 흥망의 운수
를 징험할 수 있으리라. 「삼한산림비기」

관악산이 남쪽에서 엿보니, 건국 초기에는 남쪽에서 일어
난 도둑의 힘을 입어 왕업(王業)을 이룩하고, 중간에는 남쪽
의 도적 떼로 인해 백성들이 도탄(塗炭)에 빠지며, 망할 때는
남쪽 사람들이 은밀히 들고일어나 때때로 변방에 쳐들어가
바닷가 수백 리 땅이 모두 텅 비게 될 것이다. 인왕산(仁王山)
이 뒤에서 엿보니, 건국 초기에는 북쪽으로 말미암아 창업하
고, 중간에는 북쪽 오랑캐가 쳐들어와 항복하여 신하가 되며,
망할 때에는 북쪽 도둑이 북방 경계로 들어와서 온 나라가 혼

란해질 것이다.   「삼한산림비기」

　　가장 뛰어난 성인은 천지 끝의 일을 알고, 보통 성인은 1
만년의 일을 아는데, 우리들은 대체로 세 차례 나라가 바뀌고
다섯 차례 도읍을 옮기는 일 정도만 알 따름이다. 이 비결을
명산에 감추어두고 알아볼 사람을 기다리니, 큰 난리가 일어
날 즈음에 혹시라도 이 글이 나오면 현명한 군자가 그대로 실
행한다면 우리들의 소원인 구세(救世)가 얼마라도 이루어질
것이다.……함부로 전하거나 누설하지 않으면 복을 받고 자
비로운 은혜가 미치리라.   「삼한산림비기」

천문(天文) 사상

　『정감록』에는 풍수지리설과 함께 천문에 대한 기록이 의외로 많이 나옵니다. 동양 전래의 천체관에 입각하여 어떤 별이 어느 별자리에 나타나는가에 따라 지상에 있는 나라의 운세가 영향을 받는다는 생각입니다. 정치적 사건의 발생이나 사회적 변화가 하늘의 별에 의해 결정되거나 간섭받는다는 사상은 선뜻 인정할 수 없는 사고방식으로 여겨지지만, 인간을 둘러싼 객관적 환경조건의 범주에 지리와 함께 항상 천문도 중시했던 조상들의 지혜를 엿볼 수 있습니다. 동양의 천문학이나 천문사상에 대한 연구는 이제 초보적 수준에 머물러 있습니다. 향후 서양 천문학과의 비교연구를 통하여 동양 별자리의 정확한 위치가 알려지고, 별이 인간에게 미치는 영향이 밝혀질 가능성도 있습니다.

혜성(彗星)이 진성(軫星) 머리에서 나타나 은하수나 북두성 사이로 들어가 자미성(紫微星)을 범하여 북두성의 꼬리 쪽으로 옮겼다가, 북두성이나 은하수 사이에 이르러 남두성(南斗星)에서 그치면 중국과 우리나라가 함께 망할 것이다.「감결」

태백산 아래 육호(六戶) 동쪽 지역에 천성(天星)이 일주하면, 세 명의 대장(大將)이 바다 가운데에서 나와 간악한 도적들을 무찔러 없앨 것이지만, 세 대장도 몸을 보전하지 못할 것이다.   「삼한산림비기」

염정성(廉貞星)의 정기가 자손 둘을 탄생시켜 천명을 대신하여 나라를 주장하되, 을축(乙丑)·기사(己巳)에 신하들의 힘을 빌려 즉위하면 2대에 걸쳐 12년 동안 태평할 것이다.
                                            「삼한산림비기」

하늘에는 성진(星辰)의 변화가 있고, 땅에는 운기(運氣)의 남음과 모자람이 있다.   「토정가장결」

대개 홍무(洪武) 임신년(壬申年)에 (태조가) 등극한 후로 혹

은 잘 다스려 안정될 때도 있었고, 혹은 쇠하여 어지러운 세
상도 있었으니, 이는 하늘에 있는 별의 변화와 땅 기운의 남
음과 모자람이 달랐기 때문이다. 　　　　　　「토정가장결」

　내가 비록 재주가 없지만, 하늘을 우러러보고 땅을 굽어
살피며 여러 해 동안의 성수(星數)를 추산해보니, 한양(漢陽)
은 5백 년을 넘기지 못할 것이라. 　　　　　　「토정가장결」

　자미성(紫微星)의 흰 기운이 석 달 동안 하늘을 가리고, 화
기(禍氣)가 중원(中原)을 뒤덮어, 청(淸)나라의 운수가 비로소
쇠퇴하고, 상서로운 구름이 금릉(金陵)에 모여들어 명(明)나
라의 운수가 다시 일어나리라. 　　　　　　「토정가장결」

　석류목(石榴木) 운은 다섯 개의 별이 서로 합하고, 은하수
가 거꾸로 흐르며, 산이 무너지고 물이 넘치며 백성에게 독
(毒) 기운이 두루 퍼질 것이니……이때 연경(燕京)에는 상거
(喪車)가 동쪽 미성(尾星)에 생기니…… 　　　　　「토정가장결」

　노방토(路傍土) 운은 천화(天花)가 떨어지고 땅이 진동하
며, 해와 달이 빛을 잃고, 화성(火星)이 남쪽에서 나타나며,
상거(喪車)가 서쪽에 보이고, 또 요성(妖星)이 나타나면 반드

시 전쟁이 일어날 징조이다. 이때에 복성(福星)이 동남쪽에
나타날 것이니……   「토정가장결」

　산두화(山頭火) 운은 사람의 목숨에 액(厄)이 끼었으나, 곡
성(穀星)이 점점 나타나니, 이때 곡식을 쌓아두면 큰 흉년을
예방할 수 있을 것이다.   「토정가장결」

　백랍금(白蠟金) 운은 별이 천구(天邱)에 떨어지고, 마침내
기운이 변하여 전쟁과 전염병이 크게 일어날 것이다.
                                        「토정가장결」

　천중수(天中水) 운은 자미원(紫微垣)의 흰 무지개가 다시
동쪽에 걸려 나라에 변괴가 있고, 상사(喪事)가 참혹하며, 남
북의 전쟁 상황이 점점 치열해지리라.   「토정가장결」

　별이 비치는 곳은 가히 도탄을 면할 것이다. 산동(山東)과
삼남(三南) 지방에 복성(福星)이 두루 비칠 것이다.
                                    「서계이선생가장결」

말세(末世) 사상

『정감록』은 곳곳에서 말세에 일어날 참혹한 사건에 대해 묘사하고 있습니다. 전쟁이 일어나고, 흉년이 되고, 전염병이 돌아 수많은 백성들이 죽을 것이라는 내용이 주를 이루고 때로는 매우 적나라한 표현이 있습니다. 이외에도 사회의 위계질서가 붕괴되고, 도덕적 해이감이 만연될 것이며, 인류가 파괴될 것을 예언하고 있습니다.

혜성이……남두(南斗)에서 멈추면, 대중화와 소중화가 함께 망할 것이다. 「감결」

사방에 도둑이 들어와 노략질을 하지만 반드시 다시 중흥

할 것이고, 관악산을 안산으로 삼으니 왕궁이 세 번이나 화재를 당하여 전각에 불꽃이 일어날 것이며, 윗사람은 근심하고 아랫사람은 어지러우니, 아전이 태수를 죽이고, 삼강(三綱)과 오상(五常)이 영원히 사라질 것이다.　　　　　「감결」

신년(申年) 봄 삼월 성세(聖歲) 가을 팔월에 인천(仁川)과 부평(富平) 사이에 밤중에 배 1천 척이 정박하고, 안성(安城)과 죽산(竹山) 사이에 시체가 산처럼 쌓이며, 여주(驪州)와 광주(廣州) 사이에 사람의 내왕이 영영 끊어지며, 수성(隋城)과 당성(唐城) 사이에 피가 흘러 시내를 이루며, 한강 남쪽 1백 리에 닭과 개 소리가 들리지 않고, 인적이 영원히 끊어지리라.　　　　　「감결」

금강산 서쪽과 오대산 북쪽은 12년 동안 도둑의 소굴이 되고, 9년 동안 수해와 12년 동안 병화(兵火)가 있을 것이니, 어느 누가 그 일을 피할 수 있겠는가?　　　　　「감결」

궁중의 과부가 제 마음대로 전제(專制)하지만, 임금이 어려서 스스로 맡기면 나랏일이 잘못되니, 홀몸처럼 의지할 데가 없을 것이다.……임신년(壬申年)에 병란(兵亂)이 일어나고……누른 안개와 검은 구름이 사흘 동안 자욱하리라.　　　　「감결」

황해도, 평안도 두 서쪽 땅은 3년 동안 천 리 안에 인가(人家)가 없을 것이다. 「감결」

심(沁)이 '적이 전주에서 일어나 호남의 진(津)과 화(華) 사이에 병선 만 척이 강을 가로지를 것이니, 이것이 한 가지 큰 근심이구나' 라고 말하니, 정(鄭)이 답하기를 '이것은 작은 근심이다. 만약 말세가 닥치면 아전이 태수를 죽이는 데 조금도 거리낌이 없고, 위아래의 분별이 없어지고, 강상(綱常)의 범죄가 잇달아 일어나리라. 그리하여 마침내 임금은 어리고 나라는 위태로워져서 의지할 곳이 없으리니, 대대로 국록을 받던 신하들은 죽을 수밖에 없을 것이다' 라 하였다. 「감결」

말세에 있을 재앙에 대해 더 상세히 말해 보겠다. 9년 동안 큰 흉년이 들어 백성들은 나무껍질로 연명하고, 4년 동안 전염병이 돌아 사람들이 절반이나 줄어들 것이다. 사대부의 집은 인삼 때문에 망하고, 벼슬아치의 집은 이익을 탐내는 것 때문에 망하리라. 「감결」

큰 흉년이 때때로 들고 호환(虎患)으로 사람이 상하리라. 생선과 소금은 지천으로 흔하고, 냇물이 마르고 산이 무너지면, 백두산 북쪽에서 중국 말이 길게 울고, 평안도와 황해도

지방 사이에 억울하게 죽은 사람들의 피가 하늘에 넘칠 것이
니, 한양 남쪽 백리에 어찌 사람이 살 수 있겠는가? 　「감결」

　삼국의 통합 이후 천여 년 만에 나라가 또다시 나뉘어 서
쪽으로 발해에서 남쪽으로 웅진(熊津)에 이르기까지 다시금
말갈(靺鞨) 땅이 되고, 중국 군사 십만이 또다시 청해(淸海)에
오면 군신(君臣)이 세 차례나 도성을 떠나는 환란을 겪을 것
이다. 　「삼한산림비기」

　이씨가 쇠퇴하면 얼신(蘗臣)이 분당(分黨)하고, 둘째아들이
국통(國統)을 이어받을 것이다. 5대 후에는 서로 시기하여 골
육상잔이 일어나고, 6, 7대 후에는 후사가 끊겨 지손(支孫)과
서손(庶孫)이 겨우 계승하되, 적통(嫡統)은 사람이 없고 서자
가 임금으로 즉위하지만, 3대 후에는 고립되어 가까이에는
종친이 없고 밖으로는 호위해주는 신하가 없다. 이에 사림들
이 이르기를 '이 날이 언제쯤에나 없어지려나? 하며, 아침
에 저녁을 기약하지 못하니 도무지 살맛이 나지 않을 것이
다.……위태롭도다. 위태롭도다. 이것은 장차 소운(小運)이
다할 때이리라. 그때가 되어 임금의 외척을 농락하면 붕당이
몹시 염려되고, 거실세족(巨室世族)이 결국 멸망당하여 보전
할 자가 가히 10중 2, 3도 되지 못할 것이다.……성세(聖世)에

도 어렵거늘 하물며 말세(末世)에랴.　　　　　　「삼한산림비기」

　　나이든 왕비가 주렴을 거두고 나랏일을 되돌려 보내며, 작은 아이가 왕이라고 칭하며 세상을 다스리려 한다. 어린 임금 원년에 옥사(獄事)가 크게 일어나 피가 성곽에 흐르고, 40년 전의 이인(異人)이 서쪽에서 들어와 요망스런 학문으로 어리석은 세속을 속이고 유혹하여 해독이 극심해지니, 살육이 자행되어 화기(和氣)를 상하게 하니, 이 모두가 국운(國運)이로다.　　　　　　「삼한산림비기」

　　간방(艮方)에 삼각산이 있으니, 흥할 때에는 세 명의 성인과 같은 왕이 있고, 쇠할 때에는 세 명의 몽매한 임금이 있으며, 망할 때에는 삼국의 분열이 있으리라. 북쪽에 백악산이 있어 백 가지 악을 갖추었으니, 흥할 때에는 현명한 선비의 복이 있지만 중간에는 역신(逆臣)의 재앙이 있을 것이며, 마지막에는 사악하고 괴상한 일이 있을 것이다. 남쪽에 종남산이 있으니, 흥할 때에는 남쪽 선비를 크게 써서 나라의 명맥을 유지하지만 도중에는 남북으로 당파가 나뉠 것이며, 망할 때에는 나라가 남쪽에서 마칠 것이다.　　「삼한산림비기」

　　나랏일을 그르치는 재상들이 어깨를 나란히 하여 조야(朝

野)에 의론이 정해질 날이 없고, 백성들은 농사를 지을 마음이 없어질 것이다. 역대(歷代)는 왕씨(王氏)보다 길겠지만, 참소(讒訴)를 믿는 임금과 불교를 배척하는 신하들로 인해 마침내 나라가 무너질 것이다.……만약 정씨(鄭氏)가 옳으니 그르니 한다면 5대가 못 되어 왕위를 빼앗기는 화가 생길 것이고, 겨우 2백 년을 채우더라도 나라가 어지러워지는 난리가 일어날 것이니 조심하라. 송악산에는 산벌레가 나뭇잎을 거의 다 갉아먹을 것이니, 지혜가 있는 군자는 두흑산으로 들어가서 돌아보지 않을 것이며……   「삼한산림비기」

한강 물이 3일 동안 붉은 색을 띠면, 묘년생(卯年生)의 당(唐)나라 장수가 10만 군사를 거느리고 압록강 가에 10년간 주둔할 것이니, 자녀들은 남쪽으로 옮기고 문사(文士)들은 북쪽으로 떠나리라.   「삼한산림비기」

병신년(丙申年)에는 사방에서 군사가 움직이고……도성에는 이름난 재상이 없고, 변방에는 훌륭한 장수가 모자랄 것이다.……금산(金山)의 장륙불(丈六佛)이 흘린 땀이 피가 되고, 황룡사(皇龍寺)의 불상이 땅에 쓰러져 얼굴을 움직이면, 60년 동안 난리가 나서 수성(隋城)과 당성(唐城) 사이가 가장 심각한 피해를 입을 것이니, 군자는 삼가 조심하라. 「삼한산림비기」

중의 무리가 죄를 지음이 한산(漢山)에서 심하여, 무년(戊年)과 기년(己年) 사이에는 중들이 흘린 피가 강을 가득 채우고, 임년(壬年)과 계년(癸年)에는 시사(時事)가 조금 안정될 것이다. 「삼한산림비기」

덕진(德津)의 물이 묘방(卯方)을 파괴하고 나가면, 궁궐이 온통 물에 잠기고 무사(武士)가 득세하리라. 「삼한산림비기」

단군 사당의 지반이 한 길이나 내려앉고, 수양(首陽) 남문에 샘물이 저절로 솟으며, 큰 거북과 날개가 달린 물고기가 동해에서 나오고, 쓰러진 버드나무와 엎어진 돌이 남주(南州)에서 일어나면, 시사(時事)가 크게 달라질 것이며, 대마(大麻)의 잎이 아홉 번 나온 연후에야 안정될 것이다. 「삼한산림비기」

병진년(丙辰年)에는 폐위된 임금이 음란하고 거칠어져 오년(午年)과 사년(巳年)이 되면 조정과 민간에 시체가 쌓일 것이다. 「삼한산림비기」

계유년(癸酉年)에 나쁜 소문이 퍼지고, 경인년(庚寅年)에 힘을 겨루다가, 무신년(戊申年)에 이르면 환란이 극도에 이를 것이다. 「삼한산림비기」

을묘년(乙卯年)에 난리가 시작되어 기미년(己未年)까지 계속되면 착한 사람들의 피가 들풀에 발릴 것이다.

　　　　　　　　　　　　　　　　　「삼한산림비기」

묘년(卯年) 출생의 당(唐)나라 장수가 십만 군사를 이끌고 압록강을 지키고 서북 땅을 집어삼킨 지 10여 년 만에 임진 서쪽과 철령 북쪽이 모두 먹히리라.　　　　「무학비결」

방백(方伯)과 수령(守令)은 위에서 도적질하고, 아전과 군관은 아래에서 약탈을 일삼으니, 백성들은 불안하여 들에도 살지 못하리라.　　　　　　　　　　　「무학비결」

신유(辛酉)에는 곳곳에서 군사가 일어나고, 술해(戌亥)에는 사람들이 많이 죽을 것이다.　　　　　　　「무학비결」

갑을(甲乙)이 언제 이를 것인가? 천 척의 배가 남쪽 물가에 이르리라. 망망한 창해(滄海) 위에 하룻밤 사이에 천 척의 배가 이를 것이다.　　　　　　　　　　　「무학비결」

푸른 옷이 남쪽에서 오니, 중 같지만 중이 아니로다. 백 가호가 소 한 마리를 함께 부릴 것이며, 열 명의 계집이 한 지아비를 섬기리라.　　　　　　　　　　　　　　　　「무학비결」

　임진(壬辰) 푸른 옷을 입은 큰 도적이 동쪽에서 일어나 산
천의 혈기(血氣)가 물로 변하여 쉴 새 없이 흐를 것이다.
　　　　　　　　　　　　　　　　　　　　　　「오백론사」

　병자(丙子) 섣달이 지나면 군사가 움직이니, 나라가 텅 비
고 백성들은 도망친다. 삼남(三南) 서쪽에 혈기(血氣)가 강을
이룰 것이다.　　　　　　　　　　　　　　　　　「오백론사」

　경신(庚申)……흑룡(黑龍) 늦은 겨울에 중이 서울에 들어오
는데 도로가 통하지 않으며, 피가 콸콸 쏟아져 흐른다. 천한
자가 귀해지고, 높은 자가 낮아진다.……초포(草浦)와 서진
(西津)에 항객(航客)이 만리에 이르고……　　　　「오백론사」

　계사(癸巳)……세 임금이 각각 서니, 만백성이 보금자리를
잃는다.　　　　　　　　　　　　　　　　　　　　「오백론사」

　갑자(甲子) 갑자·을축 두 해 사이에 천연두(天然痘)가 온
나라에 퍼져 열 집 가운데 한 집만 남을 것이다. 　「오백론사」

을묘(乙卯) 바닷물이 넘쳐 뭍으로 들어가니, 많은 백성들이 물에 잠길 것이다. 「오백론사」

기축(己丑) 눈동자가 겹으로 생긴 자가 나와서 벼슬아치가 많이 죽으리라. 「오백론사」

정묘(丁卯) 외적이 나라에 들어오니, 나인(內人)이 궁 밖으로 나갈 것이다. 「오백론사」

경신(庚申) 남쪽 사람이 득세하니, 재앙이 궁중에서 일어난다. 서슬이 시퍼런 도끼가 나라에 들어오니, 임금의 자리가 불안하리라. 임진년 늦겨울에 중이 서울로 들어오면, 도로가 막히고 사람의 피가 홍건해질 것이다. 천한 자가 귀하게 되고, 높은 자리에 있는 사람이 낮아지리라. 「오백론사」

갑진(甲辰) 임금은 섬으로 도망치고, 백성들은 숲 속에 숨어들 것이다. 「오백론사」

을해(乙亥) 임금이 타는 말에 뿔이 돋아나면, 나라가 오랑캐의 손에 망할 것이다. 「오백론사」

만약 성년(聖年)을 만나면 백학(白鶴)을 타고 우선 서쪽으로 가니, 산도 아니고 들판도 아니다. 푸른 옷을 입고 남쪽에서 오니, 북쪽 오랑캐도 아니고 왜적도 아니다.　「도선비결」

청의공자(靑衣公子)가 서쪽 변방에서 나와 중의 머리를 자르고, 남의 처첩(妻妾)을 죽이니, 백 명 가운데 한 사람도 살아남지 못하리라.　「남사고비결」

흉년이 목숨을 잇아가고, 병란(兵亂)이 쉴 새 없으니, 백성들 가운데 반은 살고 반은 죽을 것이다. 양서(兩西)에 소요가 일어나고, 삼남(三南)에서 군사를 일으킬 것이다.　「남사고비결」

남과 북이 서로 싸우고, 안과 밖이 세력을 다툰다. 충신과 열사는 싸움터에 그 뼈가 뒹굴고, 왕비와 인척은 고립된 성에서 피눈물을 흘리리라.　「남사고비결」

세상 일이 이미 끝이구나. 강동(江東)이 비록 작지만, 왕 노릇하기에 족하도다. 백 집에 소가 한 마리요, 열 명의 계집에 한 지아비로다.　「남사고비결」

병란(兵亂)과 질병이 크게 일어나고, 호환(虎患)이 먼저 오

며, 홍수와 가뭄이 계속되고, 사람들은 도탄에 빠져 세상인심
이 흉흉해지고 원망하는 소리가 드높을 것이다. 「토정가장결」

생령(生靈)이 바삐 흩어지고, 삼강(三綱)이 끊어지며, 천
재(天災)가 계속 심하니 그 해독을 어찌 말로 표현할 수 있으
리요.   「토정가장결」

적서(赤鼠) 가뭄이 극심해 많은 백성들이 죽는다.……청원
(靑猿) 인묘진사(寅卯辰巳)에 장성(長城)이 무너질 것이다. 아울
러 병란이 일어날 것이니, 창생이 슬프도다. 청계(靑鷄) 천리
강산이 셋으로 나뉘니, 어찌할 것인가?……황우(黃牛) 세상 일
이 시끄러우니 죽는 사람이 많구나.   「서계이선생가장결」

9년간의 흉년과 7년간의 수재(水災)와 3년간의 역병(疫病)
에 열 집 가운데 한 집만 남을 것이다. 이상하나, 세상의 재난
이여! 병란(兵亂)도 아니고, 칼날도 아니다. 가뭄이 아니면 홍
수요, 흉년이 아니면 역병이다.   「서계이선생가장결」

재물에 인색한 사람은 먼저 집에서 죽고, 아무 재주도 없
는 선비는 저절로 길에서 죽는다. 양서(兩西)는 의지할 데가
없고, 경기도 동쪽은 짓밟혀서 결딴이 난다.   「정북창비결」

만약 성세(聖歲)를 만나면 천 척의 배가 갑자기 인천과 부평 사이의 넓은 들에 정박할 것이다.　　　　　「서산대사비결」

임오(壬午)가 되면 세상에 독질(毒疾)이 유행하여 인명이 많이 상할 것이다. 임진(壬辰) 달에 호남 동쪽 3도(道)에 계속해서 흉년이 드니, 앉아서 주린 창자를 한탄하고 길에는 시체가 즐비하리라. 인심이 소동하고 나라의 형세는 점점 약해지네.　　　　　「옥룡자기」

살아있는 백성들이 달아나서 숨으니, 삼강(三綱)이 없어져 끊어졌도다. 하늘의 재앙이 계속 혹독하니 벌레의 독을 일러 무엇하리. 부자가 먼저 죽으니, 후회해도 소용없네.……나라에 변괴가 생기고 상사(喪事)가 참혹하네.　「경주이선생가장결」

하늘의 재앙과 변괴가 옛날에도 드물고 오늘날에도 없을 것이네. 굶주린 사람끼리 서로 잡아먹고, 길에서 서로 짓밟으며 인명을 살해하니 살아있는 자 그 몇인가? 더욱이 기근이 닥치니 시체가 구덩이를 메울 지경이네.「경주이선생가장결」

6과 9의 운수는 고국의 성에 남아 있고, 그림 가운데 천지는 한 개 떡과 같네. 검은 옷은 북풍 천 리에 나부끼고, 흰 익조(鶒鳥)는 밤 오경(五更)에 서쪽으로 올라가네. 동쪽에서 일어나는 푸른 구름은 부질없이 그림자를 안았고, 남쪽에서 오는 붉은 깃발은 아무 소리도 없다네. 진사인묘(辰巳寅卯)가 서로 세상을 재촉하니, 죄 없는 백성은 만에 한 명이나 살까?

「삼도봉시(三道峰詩)」

비결(秘訣) 사상

　『정감록』에는 단순히 서술하는 문장이나 단어가 아니라 특별한 의미를 담긴 글자나 구절을 해석한 후에야 가리키는 뜻을 알 수 있는 부분이 간혹 보입니다. 이러한 특수한 단어나 구절을 굳이 '비결'이라고 정의할 수 있을 것입니다.

　물론 광범위하게 비결은 "일반적으로 볼 수 있는 내용이 아니라 비밀스러운 내용이 숨겨져 있는 자료"라고 정의할 수 있습니다. 광범위한 정의에 따른다면 『정감록』의 내용 모두가 비결이라고 할 수 있지만, 여기서는 그 가운데도 파자를 사용한 단어나 정확한 의미가 무엇인지 아직도 알 수 없거나 힘든 용어를 특히 비결이라고 정의합니다.

선비[士]가 갓을 삐딱하게 쓰고[壬], 신인(神人)이 옷(示와 衤를 같이 봄)을 벗으며[申], 달릴 주(走) 변에 몸 기(己)를 가로지르고[起], 성인(공자를 가리킴)의 이름 자[丘(丘)]에 여덟 팔(八)을 더하며[兵] 「감결」

계룡산의 돌이 희게 변하고, 청포(淸浦)의 대나무가 희게 변하고, 초포(草浦)에 바닷물이 들어와 배가 다니고, 누른 안개와 검은 구름이 사흘 동안 자욱하면……대중화(大中華)와 소중화(小中華)가 함께 망하리라. 「감결」

대개 인간 세상에서 피신하려면, 산도 좋지 않고 물도 좋지 않고 양궁(兩弓)이 가장 좋다. 네 자손 말년에 국운(國運)이 팔임(八壬)에게 끝나고, 목복(木卜)에게 난리를 당하며, 나의 자손으로 끝마치리라. 「감결」

금산장륙(金山丈六)이 흘린 땀이 피가 되고, 황룡불구(黃龍佛軀)가 땅에 넘어져 얼굴을 움직이면, 60년 동안 난리가 나서 수성(隋城)과 당성(唐城) 사이가 가장 큰 피해가 있을 것이니, 군자는 삼가야 할 것이다. 「삼한산림비기」

산추(山隹)가 외척(外戚)으로 권세를 부리고, 비의(非衣)가

외방에서 군권을 희롱하여, 세 성(姓)이 저마다 틈을 노리되……
「삼한산림비기」

2백여 년이 되면 장차 큰 난리가 일어날 것이니, 전읍(奠邑)이 말을 타고 주초(走肖)가 양에 걸터앉으면 천리에 피가 흐르리니 말로 다할 수 없으리라.
「삼한산림비기」

상첩(上帖) 끄트머리에 '부산에서 일어나 부산에서 멸망한다(興於釜山, 滅於釜山)'라는 여덟 자가 있고, 하첩의 첫 머리에 '립립대망(粒粒大亡)'라는 말이 있는데, 글의 뜻이 이어지지 않아 싣지 않았다.
「삼한산림비기」

삼 전내(奠乃)가 내응하여 삼한(三韓)을 멸망시킬 것이다. 목자장군(木子將軍)의 칼이요, 주초대부(走肖大夫)의 붓이로다.
「무학비결」

푸른 돼지는 창해에 빠지고, 나무 양은 달 아래 꽃과 같구나.
「오백론사」

백호(白虎)의 해를 만났으니, 사람은 어디로 갈 것인가? 만일 뱀의 꼬리를 잡았다가는 반드시 흉한 일이 있을 것이다.……중과 속인이 셋으로 나뉘니 어느 날에나 끝이 날까?
황소는 동쪽으로 달아나고, 백호는 남쪽으로 가도다. 인간 세
상을 초월한 도사에게 부탁하노니, 모름지기 흰 토끼를 따라
푸른 숲으로 달아날 일이다.   「오백론사비기」

　임진(壬辰)에 섬 오랑캐가 나라를 좀먹으면 송백(松栢)에
의지하고, 병자(丙子)에 북쪽 오랑캐가 나라에 가득하면 산도
불리하고 물도 불리하며 궁궁(弓弓)에 이로움이 있으리라.
                                          「도선비결」

　고월(古月)은 어양(魚羊)에 망하고, 전내(奠乃)는 조산(鳥山)
에 내려온다.   「남사고비결」

　참(讖)에 이르기를 "이씨(李氏)의 운(運)에 신비한 글자 세
개가 있으니, 송(松), 가(家), 전(田) 석 자이다. 앞의 송(松)자
는 왜란(倭亂)에 이롭고, 가운데 가(家)자는 호란(胡亂)에 이로
우며, 마지막 전(田)자는 흉(凶)에 이로울 것이다"라 했다. 흉
(凶)은 병기(兵器)를 뜻하고, 병기는 흉년을 가리킨다.
                      「토정가장결」, 「경주이선생가장결」

　이로운 것은 궁궁(弓弓)이니, 궁궁이란 것은 낙반고사유

(落盤孤四乳)니라. 「토정가장결」

이때를 당하여 이로운 것은 궁궁(弓弓)이니, 궁궁이란 것은 약(弱)자의 뜻이다. 내가……태백산을 바라보매, 백여 리 남짓 울창한 숲만 있고 인가는 없었는데, 여기가 곧 대소궁(大小弓) 터였다.……그 형국이 활을 당긴 것처럼 기이하고 그 모습이 목성(木星) 같으니, 목성(木姓)이 살 만한 곳이겠다.
「토정가장결」

동방별구시(東方別區詩)에 이르기를 "계룡산이 한 차례 진동하여 검은 돌이 하얗게 되고, 한강 물이 붉게 흘러 공주에 이르니, 초포(草浦)에 배가 다닐 때라야 그대는 알 수 있으리라" 하였다.
「토정가장결」

소의 성품은 들판에 있으니, 이로움이 밭에 미치도다. 나를 죽이는 것은 누구인가? 소두무족(小頭無足)이다. 나를 살리는 것은 가난함이니, 혈하궁신(穴下弓身)이다.
「서계이선생가장결」

진인(眞人) 사상

이미 앞에서 자세히 살펴보았지만 『정감록』의 진인은 도가에서 정의되는 진인과는 다른 한국 민중사상의 영웅이자 메시아입니다. 그는 왕조를 건설하여 민중을 구원한다는 점에서 정치적 군주로 등극할 인물인 동시에 도덕적으로도 완벽한 존재인 진리를 깨달은 '참 인산'입니다.

금강산으로 옮겨진 산줄기의 운이 안동의 태백산과 풍기의 소백산에 이르러 산천의 기운이 뭉쳐져 계룡산으로 들어가니, 정씨(鄭氏)가 8백 년 동안 도읍할 땅이로다. 그 후 원맥(元脈)이 가야산으로 들어가니, 조씨(趙氏)가 1천 년 동안 도읍할 땅이로다. 전주는 범씨(范氏)가 6백 년 동안 도읍할 땅이 되리라. 송악은 왕씨(王氏)가 다시 일어날 땅이 될 것인데, 그 나머지는 자세하지 않아서 고찰할 수 없다.　　　　　「감결」

　　계룡산에 나라를 세우면 변씨(卞氏) 성을 가진 정승과 배씨(裵氏) 성을 가진 장수가 개국(開國)의 일등공신이 될 것이고, 방성(房姓)과 우가(牛哥)가 손과 발처럼 도울 것이다. 태백과 소백 사이에 옛날 양반들이 다시 일어날 것인데, 후세 사람으로서 조금이라도 지각이 있는 사람은 자손을 태백과 소백 사이에 길이 감추어두리라.　　　　　「감결」

　　이 땅에 들이 넓고 물살이 빨라서 반드시 이인(異人)이 날 것이다. 마땅히 천명(天命)을 받아 세상에 나와 혹은 황제 혹은 왕이 되리라. 그러나 그 산이 아주 높고 험하므로 시문을 짓고 읊는 풍류의 도를 아는 선비는 드물게 날 것이다.
　　　　　「삼한산림비기」

　　이때를 당하여 금담(金坍) 아래에 이인(異人)이 나타나리니, 조용히 그의 말을 들으면 중흥(中興)의 업적을 이룰 수 있을 것이다. 임신년(壬申年)에 일어나고 임진년(壬辰年)에 천도(遷都)하고 오미년(午未年)에 즐거움이 크리라.　　「삼한산림비기」

계룡산 아래에 도읍할 땅이 있으니, 정씨(鄭氏)가 나라를 세우리라. 그러나 복덕이 이씨(李氏)를 따르지는 못하리라. 다만 밝은 군주와 의로운 임금이 연이어 나와서, 세상의 운이 돌아온 때를 만나 불교를 크게 일으키고, 현명한 재상과 지혜로운 장수와 고승과 선비가 왕국에 많이 나서 한 시대의 예악을 찬란하게 장식하리니, 세상에서 드물게 보는 일일 것이다.

「삼한산림비기」

묘년(卯年)과 진년(辰年) 사이에 분명히 삼국(三國)이 갈라서게 될 것이다. 태백산 아래에 자리 잡는 나라가 제일 강성하여 170년이 지난 후에는 나머지 두 나라를 병합시킨다. 그러나 결국에는 외성(外姓)인 정씨(鄭氏)에게 나라를 빼앗기게 될 것이다. 그 때에 사람들은 반드시 계룡산 아래를 물어라.

「삼한산림비기」

진사(辰巳)에 성인(聖人)이 나올 것이니, 오미(午未)에는 즐거움이 당당하리라.　　　　　　　　　　　「무학비결」

병진(丙辰) 바위가 바다 밖으로 나오면 성인(聖人)이 남쪽에서 나온다. 임금의 수레가 이르면 백성들이 태평성대를 누리리라.　　　　　　　　　　　「오백론사」

계미(癸未) 한꺼번에 백 가지 경사가 생기고, 노래와 춤이 길에 가득할 것이다. 　　　　　　　　　　　　　　　　「오백론사」

계해(癸亥) 진인(眞人)이 남쪽에서 나오고, 도읍을 화산(花山)에 정하면, 백성이 세금과 부역을 면하고 깃발이 길을 덮을 것이다. 　　　　　　　　　　　　　　　　「오백론사」

온 나라가 평안해지니, 이것이 누구의 공(功)인고? 오로지 전읍(奠邑)이 총명하고 신이하며 예지가 있도다. 군사를 서쪽 변방에서 일으키니, 천자(天子)가 아름답게 여기는구나. 세 이웃이 도우니, 계룡산에 세 아들이 편안하리라.「도선비결」

장류수(長流水) 운에는 푸른 옷을 입은 자들과 흰 옷 입은 사람들이 서쪽과 남쪽에서 한꺼번에 침략하리라. 이때 전읍(奠邑)이 해도(海島)의 병사를 거느리고 방씨(方氏)와 두씨(杜氏) 장수와 함께 갑오년 섣달에 즉시 금강(錦江)을 건넌다면, 천운(天運)이 돌아와 태평하리라. 이때 한양의 도읍을 화산(華山)의 깊은 골짜기로 옮기고, 곽장군(霍將軍)이 요동(遼東)의 군사를 거느리고 방씨·두씨 두 장수와 함께 왜적과 서남쪽의 오랑캐를 무찌른 다음, 청(淸)나라 군사를 몰아내고 명(明)나라 유민(遺民)을 도우며, 정씨(鄭氏)에 협조하고 이씨(李

氏)를 기습한다면, 이씨는 제주(濟州)로 들어갈 것이니, 불과 4, 5년 동안의 운수에 지나지 않으리라.　　　　　　「토정가장결」

경(經)에 "9년 동안의 흉년에 곡식 종자는 삼풍(三豐)에서 구하고, 12년 동안의 병화(兵火)에 사람 종자는 양백(兩白)에서 얻으라"라 했으니, 이는 정씨(鄭氏)를 가리킨 것이니라.
　　　　　　　　　　　　　　　　　　「토정가장결」

이때에 곽장군(霍將軍)이 백두산에서 나와 오수덕(烏首德)으로부터 요동에 들어가, 고월(古月)의 백성들을 거느리고 칼을 들고 오가니, 고월 반도(半道) 동쪽 백성들의 소요를 무찌를 것이다.　　　　　　　　　　「토정가장결」

시에 이르기를……하늘이 금포(錦浦)를 열었으니 전읍(奠邑)이 나아가고, 땅이 화산(華山)을 열었으니 이씨(李)가 망해서 물러나리라.　　　　　　　　　　「토정가장결」

이인(異人)이 남쪽으로부터 오니, 한 곳에 소동이 일어난다.
　　　　　　　　　　　　　　　　　「서계이선생가장결」

논(論)에 "진인(眞人)이 남쪽으로 건너가 순순히 천명(天

命)을 받는다. 술년(戌年)과 해년(亥年)에 계룡산에서 일어날 것이다. 인(寅)·묘(卯)·진(辰)의 해에는 왜국을 통일할 것이다. 이후부터는 정씨의 운수가 형통하고, 갑진년과 을사년에는 문물(文物)이 왕성하리라.　　　　　「서계이선생가장결」

음양오행(陰陽五行) 사상

　『정감록』에는 동양 전래의 음양오행을 확인할 수 있는 부분이 상당히 보입니다. 기본적으로 풍수지리설 자체도 음양오행사상으로 설명할 수 있으므로 반복되는 점도 있습니다. 여기서는 음양과 오행이 구체적으로 표현되고 있는 내용만 몇 부분 추출했습니다.

　조선(朝鮮) 4745 음(陰)으로써 음(陰)을 받드니, 왕씨(王氏)에 비해 연수가 모자란다. 양(陽)을 합하고 양을 잉태하였으니, 끝은 삼한(三韓)과 같다. 화(火)에 속하고, 수(水)를 꺼린다.

「동국역대기수본궁음양결」

본건(本乾) 조선 9357 상(象)은 앞뒤가 모두 금(金)이고, 수위(數位)는 위아래가 모두 화(火)니, 공자(孔子)의 도가 병력(兵力)에 굴복하여 결국 번신(藩臣)이 됨을 알 수 있다. 양(陽)으로써 음(陰)을 받드니 도둑이 궁실(宮室)에 방화하고, 음을 합하고 음을 잉태하니 덕도(德島)에 군사가 나아가리라.

「역대왕도본궁수(歷代王都本宮數)」

동쪽은 목기(木氣)가 속한 곳이니, 금(金)을 만나면 반드시 장평(長平)의 화가 있을 것이다. 「남사고비결」

승지(勝地) 사상

『정감록』에는 말세를 당해 생명을 지키기 위해 제시되는 빼어난 장소가 제시되어 있습니다. 『정감록』에 승지(勝地)가 복 받은 땅 길지(吉地), 온갖 재난과 천재지변이 일어나도 생명과 안락을 보장받을 수 있는 땅으로 기록되어 있습니다.

재앙을 피하기 좋은 10군데의 땅을 득이 십승지(十勝地)라고 부르는데, 이는 완전한 숫자로 상징되는 십(十)이 덧붙여진 것으로 보아야 할 것입니다. 굳이 열 군데만이 아니라 더 많은 장소가 제시되기도 합니다. 그리고 각종 비결서에 따라 승지는 각기 조금씩 다르게 적혀 있으며, 때로는 십승지 대신 피장처(避藏處)라고도 부릅니다.

『정감록』에 따르면 이 세상에는 가까운 미래에 엄청난 천재

지변이 일어나며, 이로 인해 인간은 끔찍한 질병과 굶주림, 추위와 공포에 시달리게 되고, 이에 따라 대다수의 사람들이 죽음을 맞이함으로써 인류는 절멸의 위기에 처하게 될 것이라고 합니다. 그러나 십승지에 들어가 사는 사람들은 이처럼 끔찍한 재앙으로부터 벗어나 목숨을 보전하고 안락한 생활을 누릴 수 있으며, 그 자손들도 후세에까지 이어질 것이라고 주장합니다.

『정감록』의 십승지가 얼마나 타당한 근거가 있으며 신빙성이 있는가는 과학적으로 규명된 바가 없습니다. 그러나 십승지라는 개념은 오랫동안 우리 민중의 마음속에 자리하면서 삶을 지탱해 주는 정신적 지주 역할을 해왔습니다. 그리고 이러한 승지사상(勝地思想)은 갖가지 재난과 고난이 닥칠 때마다 민중들에게 위안을 주었고, 나아가 희망을 주는 심리적 토대가 되었습니다.

결국 십승지와 그에 관련된 도참·풍수 사상은 우리 민중들이 끊임없는 전쟁, 폭정, 억압, 착취, 가난, 질병의 고통 속에서도 끈질기게 삶을 꾸려오면서 역사를 이어온 원동력으로 작용했습니다.

십승지에 대해서는 『정감록』의 여러 이본에서 다르게 나타납니다. 60여 종의 이른바 넓은 의미의 『정감록』에 기록된 십승지는 풍기 차암 금계촌, 영월 정동 상류, 봉화 춘양 일대, 예천 금당동 북쪽, 보은 속리 난중항 근처, 공주 유구와 마곡

두 강 사이, 합천 가야산 남쪽 만수동, 무주 무풍 북쪽 덕유산 아래 방음, 부안 변산 동쪽 호암 아래, 남원 운봉 두류산 아래 동점촌, 정선 상원산 계룡봉, 단양 영춘, 안동 화산(화곡), 진천 목천, 영동 황간 등 20여 곳입니다.

이를 산을 중심으로 살펴보면 소백산, 태백산, 속리산, 계룡산, 덕유산, 가야산, 지리산, 두류산, 금오산, 조계산, 조령, 변산, 월출산, 내장산, 수산, 보미산, 오대산, 상원산, 팔령산, 유량산, 온산, 청량산 등 20여 곳이 됩니다.

몸을 보전할 땅 열 곳이 있으니, 첫째는 풍기 예천, 둘째는 안동 화곡, 셋째는 개령 용궁, 넷째는 가야, 다섯째는 단춘, 여섯째는 공주 정산 마곡, 일곱째는 진천 목천, 여덟째는 봉화, 아홉째는 운봉 두류산인데 이는 길이 살 수 있는 땅이어서 어진 정승과 훌륭한 장수가 연달아 날 것이다. 그리고 열 번째는 태백이다.　　　　　　　　　　　　　　　　　「삼걸」

곡식 종자는 삼풍(三豊, 三風이라고도 한다)에서 구하고, 사람 종자는 양백(兩白, 태백과 소백)에서 구할 것이다. 이 열 곳은 병화(兵火)가 들어오지 못하고 흉년도 들지 않는다. 흰 옷을 입은 도둑을 만나면 혼인하여 형제처럼 이야기를 나누고 즐겁게 지내리라. "영가(永嘉) 사이에 화기(和氣)가 융성하리라"고 했는

데, 영가가 바로 이 산(태백산과 소백산)이다.……십승지(十勝地)
에 들어간 사람은 시국을 잘 관망하여 살 수 있으리라. 「감결」

후세에 지각이 있는 사람이 먼저 십승지에 들어가면, 가난한 사
람은 살고 부자는 죽으리라.……부자는 많은 돈과 재물이 있으므
로 섶을 지고 불에 뛰어드는 것과 같고, 가난한 사람은 일정한 생
업이 없으니 빈천한 신세로 어디에 간들 못 살겠는가? 그러나 조금
이라도 지각이 있는 사람이라면 시국을 보아 행하리라.　　「감결」

만일 후세 사람들이 지각이 있어 십승지에 들어가려 해도
필시 어리석은 사람들이 만류할 것이니, 공(公)과 사(私) 크고
작음을 막론하고 화복(禍福)을 어찌 다 말할 수 있겠는가? 형
용하기가 힘들다.　　　　　　　　　　　　　　　　「감결」

십승지는 사람이 세상에서 피신하기에 가장 좋은 땅이
다.……이 열 곳은 병화(兵火)가 들지 않고 흉년도 들지 않는
다. 그러니 이곳을 버리고 어디로 가서 살겠는가? 장씨(張氏)
가 의병을 일으켜 난을 시작하는 것이 경염(庚炎)의 때이니,
지각이 있는 자는 이때 십승지로 가라. 그러나 먼저 들어가는
자는 되돌아가고, 중간에 들어가는 자는 살고, 나중에 들어가
는 자는 죽으리라.　　　　　　　　　　　　　　　　「감결」

이 열 곳은 비록 12년 동안이나 병화(兵火)가 있더라도 해를 입지 않을 것이지만, 6도(道)의 백성은 죽으리라. 이 열 곳은 사면(四面)이 이러이러하니 흉년이 들지 않는다. 대개 산수(山水)의 법은 기이하여 훗날 지각이 잇는 자가 비록 걸식을 하며 이곳에 들어가더라도 좋을 것이다.　　　　　「감결」

첫째는 풍기 차암 금계촌(金鷄村)으로, 소백산의 두 물길 사이에 있다. 둘째는 화산 소령 고기로 청양현(靑陽縣)에 있는데, 봉화 동쪽 마을로 넘어 들어간다. 셋째는 보은 속리산 사중항(四甑項) 근처로, 난리를 만나 몸을 숨기면 만에 하나도 다치지 않을 것이다. 넷째는 운봉 행촌(杏村)이다. 다섯째는 예천 금당실(金塘室)로, 이 땅에는 난리의 해가 미치지 않는다. 그러나 이곳에 임금의 수레가 닥치면 그렇지 않다. 여섯째는 공주 계룡산으로, 유구와 마곡 사이 두 물골의 둘레가 2백 리나 되므로 난리를 피할 수 있다. 일곱째는 영월 정동쪽 상류로, 난을 피해 종적을 감출만하다. 그러나 수염 없는 자가 먼저 들어가면 그렇지 않다. 여덟째는 무주 무봉산 북쪽 동방(銅傍) 상동(相洞)으로, 피난하지 못할 곳이 없다. 아홉째는 부안 호암(壺岩) 아래인데, 가장 기이하다. 열 번째는 합천 가야산 만수봉(萬壽峰)으로, 그 둘레가 2백 리나 되어 영원히 몸을 보전할 수 있다. 그리고 동북쪽 정선현 상원산 계룡봉

(鷄龍峰) 역시 난리를 피할만하다.　　　　　　　　「감결」

　계룡산 남쪽 밖에 있는 네 고을 또한 백성들이 몸을 보존
할 곳이다.　　　　　　　　　　　　　　　　　「감결」

　그러므로 여러분들은 머리에 누른 빛깔의 수건을 두르고,
명산대천(名山大川) 사이로 들어가라.　　　　　「무학비결」

　대소백산의 가득 찬 정기는 천 년 동안의 전쟁으로도 오염되
지 않는 땅이니라. 예주를 지나가다가 대소백산을 보고 말에서
내려 절하며 ‘십이승지(十二勝地)라’ 고 말했도다. 「남사고비결」

　이때가 되면 몸을 보전할 곳은 산수(山水)를 의지함이 제
일이지만, 먼저 움직이면 반드시 죽고, 중간에 움직이면 반드
시 살 것이다. 만약 덕을 쌓고 인(仁)을 베풀어 온 집이 아니
면 남는 것이 없으리라.　　　　　　　　　　「남사고비결」

　비록 창생(蒼生)을 위하여 십승지를 일러 주었으나, 혹은
먼저 어려움이 있고 혹은 나중에 어려움이 있으리니, 앞뒤를
모른 채 믿고 들어가면 반드시 예기치 않은 화를 당할 것이
다. 어찌 삼가지 않을 수 있겠는가?　　　　　「토정가장결」

내가……금강산에서 기운을 바라보며 근원을 찾아……태백산을 바라보니, 백여 리 가운데 깊은 숲만 있고 인가는 없으니 곧 대소궁기(大小弓基)였다.……참으로 경치가 뛰어난 곳이다. 그 모양이 활시위를 당긴 듯 기이하고, 그 몸이 목성(木星)과 같으니, 목씨(木氏) 성을 가진 사람이 거주할 땅이다.……적선(賊船)이 이르지 못하고 토병(土兵)이 쳐들어올 수 없으니, 이는 약함이 능히 강함을 이기고 허(虛)한 가운데 실(實)하여 하늘이 정한 궁기(弓基)니 일시 쓰일 때가 있을 것이다.……이곳에 들어가서 열심히 일하여 곡식을 쌓아두면 진실로 삶을 도모하고 생명을 보전할 수 있는 백 년의 땅이다.　　「토정가장결」

오로지 내 자손들은 길한 땅을 찾아갈 일이다. 길한 땅과 길한 운수는 전후를 막론하고 마찬가지다. 「서계이선생가장결」

산(山)과 선(仙) 사이에는 기근이 들어갈 수 없다. 작은 산과 작은 시내에 모습을 숨기는 것이 어떨까? 만약 그 땅에 들어가면 협자촌(俠字村)을 찾으라. 여덟 가지 물건이 장생(長生)하여 사람을 돕고 목숨을 구할 것이다.　　　　「서계이선생가장결」

황간과 영동 사이에도 가히 만 가구가 살 수 있고, 청주 남쪽과 문의 북쪽도 가히 모습을 숨길 수 있다. 옥천과 진잠도

간혹 별이 비친다.　　　　　　　　　　　　「서계이선생가장결」

　　이런 땅에서 살아가기 위해서는 남편은 밭을 갈고 부인은
베를 짜라. 벼슬자리에는 오르지 말고, 농사짓는 일에 부지런
히 힘써 스스로 살 수 있는 길을 버리지 않도록 하라. 집은 반
드시 누추할 것이며, 살림은 필히 가난해야 한다. 가난한 사
람이 무엇이 두려우랴? 가는 곳마다 좋게 될 것이다.……부
자를 쫓아가지 말라. 부자가 되면 죽을 일이 많고, 횡액에 걸
릴까 두렵구나.　　　　　　　　　　　　　「서계이선생가장결」

　　내가 조선의 산천을 돌면서 내 몸을 보전할 곳을 두루 보
니, 대개 태백산과 소백산은 백두산에서 갈려 내려와서 산맥
이 나뉘었는데, 본래부터 왕성한 기상이 있어 화기(和氣)가 넘
쳐흐른다. 화산, 가야산, 지리산, 두류산과 삼풍(三豐)의 네 평
야는 어진 정승이나 훌륭한 장수가 계속해서 나올 곳으로서,
땅은 기름지고 풍속은 순해서 오래갈 것이니, 누가 주인이 될
것인가? 오서산과 성주산은 그 다음이다.　　　　「두사총비결」

　　강화의 마니산과 약수산, 영가의 백운산, 화악산, 대아산,
도성산 같은 곳은 비록 산세가 얕게 드러났지만, 병화(兵火)
가 들어가지 못하고 간사한 것이 침입할 수 없다. 그러나 덕
을 쌓고 오랫동안 어진 일을 한 집안이 아니면 어떻게 그곳에

살 수 있겠는가?　　　　　　　　　　　　　　　　「두사총비결」

　영천의 백운산, 동주, 용해는 주고받는 말이 화락하고 입고 먹을 것이 풍족하니 영세토록 길한 것을 보전할 땅이다.
　　　　　　　　　　　　　　　　　　　　　　　「두사총비결」

　인천 영종도는 복지(福地)이니, 고려 말년으로부터 병화(兵火)가 미치지 않았고, 임진왜란과 병자호란 때에도 이곳만 홀로 편안했다.　　　　　　　　　　　　　　　「피장처」

　정선은 도원(桃源)이라고 불리며, 부근에 성마(星磨)도 있다. 모두 하늘이 만들어놓은 듯 험한 곳이어서 한 사람으로도 관문을 지킬 만한 땅이다.　　　　　　　　　　　「피장처」

　여주 사전촌은 30대 농안 장수와 정승이 닐 곳이니, 천기(千基)의 안쪽 정혈(正穴)은 용암 아래쪽이다. 광주 율평 석인 동쪽의 혈자리는 여덟 성씨가 들어가 살면서 58대 동안 장수와 정승이 날 땅이다. 이천 북면 광복동은 읍에서 백십 리가 떨어진 곳인데, 길함을 보전할 땅이다.　　　　　「피장처」

3부

관련서

鄭鑑綠

『정감록』은 「감결(鑑訣)」을 비롯하여 「동국역대기수본궁음양결(東國歷代氣數本宮陰陽訣)」 「역대왕도본궁수(歷代王都本宮數)」 「삼한산림비기(三韓山林秘記)」 「무학비결(無學秘訣)」 「오백론사(五百論史)」 「도선비결(道詵秘訣)」 「남사고비결(南師古秘訣)」 「토정가장결(土亭家藏訣)」 「서계이선생가장결(西溪李先生家藏訣)」 「정북창비결(鄭北窓秘訣)」 「서산대사비결(西山大師秘訣)」 「두사총비결(杜師聰秘訣)」 「옥룡자기(玉龍子記)」 「삼도봉시(三道峰詩)」 등의 짧은 비결서 수십 종을 총칭하는 책입니다. 따라서 『정감록』은 단일한 체제와 일관된 형식을 갖춘 책이 아니라, 다양한 형식의 단편적인 비결서가 합쳐진 책입니다.

관련서

김용주 校, 『정감록』, 1923

細井肇 校, 『정감록』, 自由討究社, 1926

창신문화사 편집부, 『정감록 원본해설』, 창신문화사, 1955

권용두 저, 『한국의 혜안 - 비결선집해설』, 세광출판사, 1962

김수산 편저, 『(원본) 정감록』, 홍익출판사, 1968

안춘근 편, 『정감록집성』, 아세아문화사, 1981

김수산·이동민 공저, 『정감록』, 명문당, 1981

『한국의 민속종교사상』, 삼성문화사, 1981

이민수 역주, 『(신역) 정감록』, 홍신문화사, 1985

백운항 편, 『정감록』, 일광사, 1986

하명중, 『내훈, 정감록』, 편저동양사상대선집 제3권, 대한서

적, 1989

『정감록』, 삼원출판사, 1989

박첨지, 『(정감록 정해설) 정도령은 말한다』, 동신출판사, 1992

막대기(莫大氣)·박첨지 공저, 『정감록 해설』, 명문당, 1994

편집부 엮음, 『정감록비결』, 범우사, 1997

이태희 저, 『십승지』, 도서출판 참나무, 1998

정감록 새 새상을 꿈꾸는 민중들의 예언서

| 펴낸날 | 초판 1쇄 | 2005년 10월 31일 |
| | 초판 4쇄 | 2021년 8월 13일 |

지은이	김탁
펴낸이	심만수
펴낸곳	(주)살림출판사
출판등록	1989년 11월 1일 제9-210호

주소	경기도 파주시 광인사길 30
전화	031-955-1350 팩스 031-624-1356
홈페이지	http://www.sallimbooks.com
이메일	book@sallimbooks.com

| ISBN | 978-89-522-0443-3 04080 |
| | 978-89-522-0314-3 04080 (세트) |

※ 값은 뒤표지에 있습니다.
※ 잘못 만들어진 책은 구입하신 서점에서 바꾸어 드립니다.